VORWORT

ZUGÄNGE

PRAXIS

HINTERGRÜNDE

KIRCHENJAHR / ENTWÜRFE

FORUM

GEMEINDEPÄDAGOGIK

Liebe Leserinnen und Leser,

„Wir müssen aber erfinderischer und beweglicher als bisher werden", fordert Herwig Hafa mit Blick auf „Zukünftige Entwicklungsmöglichkeiten der katechetischen Arbeit" in der Christenlehre 1962. Dieter Reiher hat dankenswerterweise wieder wie für jede Ausgabe der PGP „zurückgeblättert" und diesen Beitrag gefunden. Spannend ist dieser Beitrag, weil er sich mit ganz ähnlichen Fragen beschäftigt, wie sie auch heute (wieder?) anstehen: Was genau ist die Aufgabe der Gemeindepädagogik im Zusammenspiel der kirchlichen Arbeitsbereiche? Welche Kompetenzen braucht es und wie sieht das zukünftige Miteinander der Berufsgruppen aus? Wie wird sich die Arbeit angesichts der Veränderungen in unserer Gesellschaft und der Zielgruppen entwickeln?

Lars Charbonnier,
PGP-Schriftleiter

Mit dieser Ausgabe möchten wir unsere Anregungen in diese Diskurse einbringen. Dazu haben wir unsere Arbeitsweise zur Heft-Planung geändert: An drei Ausbildungsstätten haben wir Studierende in Vorbereitung auf die gemeindepädagogische Arbeit befragt, wie sie sich die Zukunft der Gemeindepädagogik vorstellen: Welche Trends erwarten sie, welche Aufgaben in welchen Strukturen mit welchen Berufen in welcher Form von Kirche? Spannende Ergebnisse kamen zum Vorschein, die wir zum Ausgangspunkt genommen haben, nach Themen, Beiträgen und Personen zu schauen. Sie finden auf den folgenden Seiten sowohl Auszüge aus den Interviews als auch vor allem die Themen, die in ihnen angesprochen wurden. Wir stellen Praxis vor, die schon heute zeigt, was morgen zu erwarten ist. Wir reflektieren Bedingungen, Strukturen und Entwicklungsmöglichkeiten für Themen und Menschen. Manches wird Sie vermutlich nicht überraschen, manches hoffentlich schon!

Diese Ausgabe nutzen wir auch dazu, neue Rubriken und Angebote einzuführen: Im Bereich reflektierte **Praxis / Entwürfe zum Kirchenjahr** werden wir unter dem Motto **abwegig?** Modelle, Themen, Ideen vorstellen, die für manchen auf den ersten Blick fremd wirken könnten, aber vielleicht damit zugleich ganz besondere Impulse beinhalten. Sie lesen außerdem in Zukunft in jeder Ausgabe **Medientipps** zu Arbeitshilfen und Ideen im medialen und digitalen Bereich, die dankenswerterweise Claudia Brand vom Medienzentrum der EKM für uns zusammenstellt. Wir öffnen unsere **Methodenbox** und stellen in jeder Ausgabe eine Methode ausführlicher vor. Unter dem Motto **PGP für die Praxis** werden wir Hinweise geben, wie mit den Beiträgen der Ausgabe auch direkt gemeindepädagogisch gearbeitet werden könnte. Darüber hinaus konnten wir Prof. Dr. Christopher Zarnow von der EHB in Berlin gewinnen, zukünftig in jeder Ausgabe unter der Rubrik **Theologisch auf den Punkt gebracht** ein Symbol unseres Glaubens systematisch-theologisch für die heutige Lebenswelt deutend zu erschließen – in dieser Ausgabe das Kreuz – auch ihm sei dafür herzlich gedankt! Schließlich kehrt die Rubrik **Info und Personen** in die PGP zurück. Last but not least begrüßen wir eine neue Person in der Redaktion: Wir freuen uns sehr, dass Thomas Böhme vom Comenius-Institut unsere Arbeit um seine Erfahrungen, Kompetenzen und Netzwerke bereichert!

Sie merken: Es ist erfinderisch und beweglich in der PGP – und hoffentlich auch in der Gemeindepädagogik!

Im Namen der Redaktion grüßt Sie herzlich

[Unterschrift: Lars Charbonnier]

Diese Ausgabe enthält zwei Beilagen: „Gemeindebrief" des Gemeinschaftswerks der Evangelischen Publizistik, Frankfurt/M. und „Sieben Wochen ohne" des Hansischen Druck- und Verlagshauses, Frankfurt/M. Wir bitten um freundliche Beachtung.

Spannende Zeiten für die

Matthias Spenn

Spannende Zeiten, in denen wir leben! Spannende Zeiten weltweit und national, ökologisch und ökonomisch, technologisch und politisch, religiös und kirchlich … Spannende Zeiten für die Kommunikation des Evangeliums, möchte man meinen.

Stehen wir doch an der Schwelle zu einer digitalen Revolution, die vermutlich jede Faser des Lebens erfassen wird: Wie werden wir in fünf, zehn oder in zwanzig Jahren arbeiten? Wie werden wir leben? Digital vernetzt rund um die Uhr und allerorten, Lebensbezüge ineinandergreifend ferngesteuert, lesbar, steuerbar … Vom Saugroboter zum Smart Home deutet alles hin auf ein vernetztes, intelligent gesteuertes Leben, ein ‚Smart Life'. Verhalten, Interessen, Meinungen, Haltungen, Wünsche und Einstellungen werden dem Menschen abgenommen, weil Maschinen schneller auslesen und besser errechnen, was ein Mensch will und nicht will und wie er/sie sich entscheidet oder entscheiden sollte. Zukunftsmusik? Keineswegs. Schon heute bedienen sich Konzerne in der Marktforschung der Hirnforschung: Anhand von Hirnströmen wird ermittelt, wo die preislichen Schmerzgrenzen bei Kunden für Premiumautos liegen. Und Neurodidaktiker erkunden mit Hilfe der Hirnströme, auf welche Weise Aha-Effekte beim Lernen erzielt werden können, um so Lernprozesse zu stimulieren.

Spannende Zeiten auch gesellschaftspolitisch. Wer hätte gedacht, dass auf dem Höhepunkt der Demokratisierungsbewegung vieler Gesellschaften seit den 1990er Jahren eben diese Demokratie als Staatsform massiv infrage gestellt wird. Wer hätte gedacht, dass mit dem Wegfall nationaler Grenzen in weiten Teilen Europas und mit der Globalisierung in Wirtschaft, Wissenschaft, Kommunikation und Mobilität das Nationale erstarkt und Protektionismus fröhliche Urständ feiert? Spannende Zeiten, in denen die Schere zwischen Arm und Reich größer anstatt kleiner wird, in denen der Zusammenhang von sozialer Gerechtigkeit, Klimaentwicklung und Migration zum Greifen nahe rückt. Spannende Zeiten, in denen Menschen ihre Probleme mithilfe sozialer Netzwerke selbst lösen und staatliche wie auch kirchliche Institutionen nur hinterherschauen können, wie spontan und zielorientiert das geht mit dem Engagement.

Spannende Zeiten, in denen Spiritualität ein großer unübersehbarer Markt ist und Pfingstkirchen weltweit wachsen und an Macht gewinnen, während die Bindung der Aufgeklärten an die bewährten kirchlichen Institutionen abnehmen, Kirchenmitgliedschaft zurückgeht, Religion außerhalb der Kirchen gelebt wird und das Ende der kirchensteuerbasierten Landeskirchen in sichtbare Nähe kommt.

Spannend, in einer pluralen Gesellschaft zu leben mit einer Vielfalt von Lebenskonzepten und -entwürfen, die gleichberechtigt nebeneinander und miteinander existieren, ohne dass ein Konzept den Anspruch auf Mehrheitsgesellschaft erheben kann. Was ist wahr? Was gilt? Was trägt uns übergreifend?

Das alles ist weit weg und hat nichts mit Gemeindepädagogik und der Idee von der Kommunikation des Evangeliums zu tun? Weit gefehlt. Tatsächlich liegen

Gemeindepädagogik

die Vor-Bilder heutiger Gemeindepädagogik in gesellschaftlichen und kirchlichen Umbrüchen. So entstanden die moderne Diakonie, die Elementarpädagogik, Frauenhilfe und Männerkreise, Jugendarbeit und Kindergottesdienst in Zeiten der aufkommenden Industrialisierung und Urbanisierung. Christlich Motivierte fragten danach, was ihr Auftrag und ihre Verantwortung dabei sei, und wandten sich Menschen in Problemlagen zu. Sie gaben ihnen Würde und Bildung und Entwicklungschancen. Mitunter gegen die Institution bzw. Vertreter der Amtskirchen. Und in den 1970ern war es die Erkenntnis, dass christlicher Glaube und Kirche Bildung brauchen oder besser: dass es Bildung bedarf, um Menschen Zugang zu den Gründen des Glaubens und dem Sinn des Lebens im christlichen Horizont zu eröffnen. Um aufgeklärt in christlicher und im weiteren Sinn humanistischer Motivation Gesellschaft, Gemeinwesen, Kirche mitzubauen. Das sollte auch institutionell gesichert und unterstützt werden durch entsprechende gut qualifizierte berufliche Mitarbeiter*innen. Und durch ein zeitgemäßes Leiten und Führen im Team. Manches des damals Ost wie West gut Gemeinten blieb auf der Strecke. Bis heute. Aber die Idee, die hat gehalten. Und viel großartige Praxis der Grenzüberschreitung von Kirche und Lebensalltag der Menschen hat sich entwickelt und bewährt.

Nun also Digitalisierung und Demokratiekrise, Migration und Diversität, weltanschauliche und religiöse Pluralität … Was das für die Kommunikation des Evangeliums heißt, können wir noch nicht recht erahnen. Werden wir versuchen, über soziale Netzwerke Meinungen und Entscheidungen zu beeinflussen und zu manipulieren – im Sinne des von uns als Gut gedachten? Oder halten wir durch in der Achtsamkeit und Aufklärung, mit kritischer Religion und Gesellschaftstheorie? Werden wir es schaffen, Evangelium in den sich tiefgreifend verändernden Lebenslagen so zu kommunizieren, dass es Menschen – uns selbst zu allererst – auf der Suche nach Sinn Anregungen oder sogar Orientierung gibt. Wie wird religiöse Praxis aussehen in der Kinder-, Jugend- oder Familienarbeit, wie werden Kasualien gestaltet oder Gottesdienste gefeiert? Wie muss diakonisches Engagement zukünftig entwickelt werden und sich zeigen? Wir dürfen gespannt sein. Gebe Gott, dass sein Geist auch die zukünftigen, allen voran digitalen Welten durchdringt und der Geist des Auferstandenen uns anregt, motiviert, korrigiert und trägt, das gesellschaftliche und kirchliche Miteinander weltweit, interreligiös, divers, inklusiv, gerecht zu gestalten.

Spannende Zeiten, in denen wir leben. Eine spannende Zukunft, die uns entgegenkommt. Spannend, Evangelium zu kommunizieren.

Matthias Spenn ist Direktor des Amtes für Kirchliche Dienste der EKBO in Berlin und war Schriftleiter der PGP von 2011–2017.

Gemeindepädagogik in der Zukunft – die Sicht von Studierenden

Für die Zeitschrift „Praxis Gemeindepädagogik" wurden drei Gruppeninterviews mit Studierenden der Gemeindepädagogik/Religionspädagogik an unterschiedlichen Ausbildungsstätten geführt. Die leitenden Fragestellungen waren: Welche Vorstellungen haben sie (Studierende) von ihrer zukünftigen Arbeit in der Gemeinde/Kirche? Wie wird sich das Arbeitsfeld für Gemeindepädagoginnen und Gemeindepädagogen entwickeln? In diesem Artikel soll ein Stimmungsbild dargestellt werden. Eine umfassende Dokumentation der Gespräche würde den Rahmen des Heftes sprengen. Verschiedene Aspekte der Befragung werden in die Artikel des Heftes aufgenommen (s. auch S. 16). Die Interviews führten Redaktionsmitglieder der PGP. Ein herzlicher Dank geht an die am Gespräch beteiligten Studierenden.

Brandenburg

Das AKD in Brandenburg bietet eine berufsbegleitende Ausbildung zur Gemeindepädagogin, zum Gemeindepädagogen an. Die Qualifizierung besteht aus zwei jeweils zwei Jahre dauernden Abschnitten, dem gemeindepädagogischen Grundkurs für die gemeindliche Arbeit mit Kindern und Familien und dem gemeindepädagogischen Aufbaukurs für die gemeindliche Arbeit mit Jugendlichen/Konfirmanden, Erwachsenen und für die Öffentlichkeitsarbeit.

Gesprächspartner waren die Studierenden Anna Bräutigam, Karina Dierks, Frauke Fischer, Steffi Hoffmann, Corinna Huschke, Ulrike Peter, Bettina Radcke und Gesine Schönfeld.

Einblicke ins Gespräch:
- Die Work-live Balance gewinnt an Bedeutung
- Kooperation: Gemeinschaftserfahrungen sind wichtig! Wir sind eine Gemeinschaft und sind nicht wenige – Christen sind nicht wenige!
- Glaube wird individuell gelebt, dazu sucht man sich eine Gruppe – Gemeindepädagoge fungiert als Vorbild, der andere ansteckt
- In der Region Zusammengehen aller kirchlichen Konfessionen (ev.-kath.) aufgrund der wenigen Mitglieder
- Regionale Zentren sind vonnöten zur Professionalisierung der Arbeit
- Gemeindepädagoge als zukünftiger Netzwerker, bei dem die Fäden der Kirchengemeinden zusammenlaufen, Pfarrer sind ein aussterbendes Modell
- Bündelung der Ressourcen durch Andocken an vorhandene zivilgesellschaftliche Projekte (z.B. Tag der Sachsen, Dorffesten usw.), vermehrte Kooperationen größtenteils zu Events, Suche nach Synergieeffekten mit anderen Playern in den Regionen.
- Offen für das Anwenden neuer Medien in der Arbeit

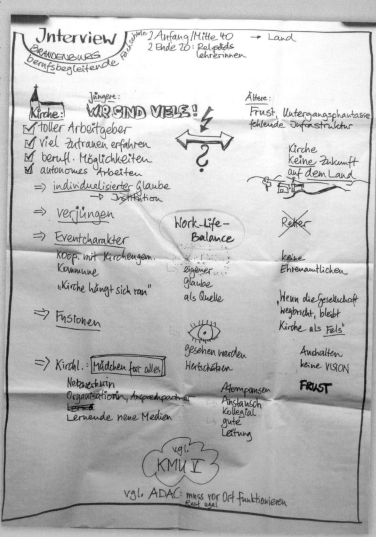

Sachsen

Die Evangelische Hochschule Moritzburg am Ev.-Luth. Diakonenhaus Moritzburg e.V. bildet als Diakonenausbildungsstätte der Sächsischen Landeskirche Frauen und Männer für den kirchlichen Dienst an Kindern, Jugendlichen und Erwachsenen aus.

Schwerpunkte dieses Berufsbildes sind die Arbeit mit Kindern (Religionsunterricht bis zur 10. Klasse, Christenlehre, offene Formen der Arbeit mit Kindern, Arbeit mit Vorschulkindern, Kinder- und Familiengottesdienst), Jugendarbeit (Junge Gemeinde, regionale und überregionale Veranstaltungen, Freizeiten) sowie Angebote in der Erwachsenenbildung.

Derzeit stehen neben einem Masterstudiengang drei verschiedene Bachelorstudiengänge zur Auswahl:
"Ev. Religionspädagogik mit sozialarbeiterischem Profil"
"Ev. Religionspädagogik mit musikalischem Profil"
"Bildung und Erziehung in der Kindheit mit religionspädagogischem Profil"

Gesprächspartner waren die Studierenden Anna Leticia Fourestier, Hanna Warkotsch, Marvin Lehmann, Alexander Przyborowski und Markus Seifert.

Einblicke ins Gespräch:
- Ein gleichberechtigtes Dreigespann (Pfarrer, Kirchenmusiker und Gemeindepädagoge) wird in neuen Strukturen arbeiten.
- Es ist unklar, wie man in großen Regionen arbeiten kann und wie dort der Dienst beschrieben wird. Hohe Bedeutung des Ehrenamtes. Mehr Projektarbeit.
- Anstellung der Mitarbeitenden in Regionen. Gemeindepädagoge agiert nicht ortsgebunden, sondern sind am Arbeitsfeld orientiert. Es wird Angebote an gut erreichbaren Orten geben.
- Es braucht Strukturen für Qualitätsmanagement in der gemeindepädagogischen Arbeit.
- Mitarbeitende möchten: Vereinbarkeit zwischen Beruf und Familie, eigene konzeptionelle Ideen verfolgen, Wertschätzung erleben.
- Gemeinde braucht einen Hirten. Damit ist eine leitende und fürsorgliche Funktion gemeint. In vielen Gemeinden zu arbeiten ist nur schwer vorstellbar, da ein Gemeindebezug wichtig ist.
- Der Kommunikation des Evangeliums muss die Struktur Rechnung tragen. Ich möchte traditionelle Gemeindearbeit leisten, denn persönliche Kontakte sind mir wichtig.
- Die optimale Arbeitsbedingung wäre, im Team zu arbeiten, dann ist die Anzahl der Kirchtürme nebensächlich. Arbeit im Team bringt neue Qualität!
- Teamarbeit hängt von der Struktur und dem Charakter der Mitarbeitenden ab, also Machtgefälle, Dienstverständnis, Leitungsverständnis.
- Passen sich die Strukturen den Bedürfnissen an?
- Beziehungen sind wesentlich für Gemeinde. Das Hauptamt muss Beziehungen fördern.
- Ich frage mich: Gibt es in 10 Jahren eine Kirche, in der ich arbeiten möchte und in die Menschen kommen werden? Was ist in 10 Jahren an der Zielgruppe anders?
- Arbeit mit modernen Medien, auf der Höhe der Zeit. Wer nicht mit der Zeit geht, der geht mit der Zeit. Es wird unterschiedliche Entwicklungen geben, in Stadt und Land. Neue Formate / keine Ahnung / über Altersgrenzen hinweg.

- Die Möglichkeiten der digitalen Kommunikation werden viel stärker genutzt. Das bringt Zeit für persönliche Gespräche, auch hier werden die neuen Medien genutzt. Zielgruppen sind weiter in Altersgruppen gestaffelt. Schwerpunkt liegt in Projektarbeit. Räume müssen den Anforderungen passend und einladend gestaltet sein.
- Seelsorge gewinnt auch in der Gemeindepädagogik an Bedeutung.
- Probleme von Zielgruppen werden sich nicht ändern.
- Leib Christi – Leib im Sinne von Gemeinschaft – ein zentraler Kirchturm ist nicht schlecht. Moderne Medien müssen für Begegnungen genutzt werden. Abwägen: Was muss erhalten werden und was muss weg.
- Die Vielfalt hört nicht auf.

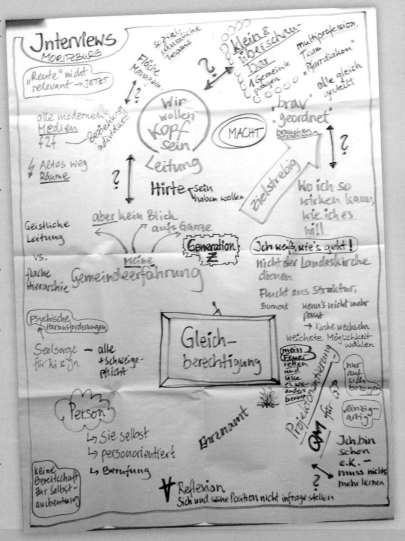

Bayern

Evangelische Hochschule Nürnberg: Absolventinnen und Absolventen des einzigen Studiengangs für Religionspädagogik und Kirchliche Bildungsarbeit innerhalb der Evangelisch-Lutherischen Kirche in Bayern können insbesondere in folgenden Bereichen tätig werden:

Religionsunterricht an Grund- und Mittelschulen, Förderschulen, Berufsschulen und Berufsfachschulen in Bayern

Kirchliche Bildungsarbeit mit den Schwerpunkten Kinder- und Jugendarbeit sowie Erwachsenenbildung

Gesprächspartner waren die Studierenden Daniela Bayer, Sara Dippold, Jessica Eischer, Verena Lorz und Felix Prechtel.

Einblicke ins Gespräch:

Wo sehen sie sich in 10 Jahren?

- Ich sehe mich in der praktischen Arbeit, weniger in der Organisation. Eine interkulturelle Arbeit ist mir wichtig.
- In einer schulbezogenen Jugendarbeit / Bildungsarbeit mit erlebnispädagogischem Akzent bzw. Verknüpfung. Schulleben im außerschulischen Bereich aus verschiedenen Perspektiven gestalten. (Orientierungstage, Besinnungstage).
- Kirche in den Orten gestalten, wo das Leben der Menschen stattfindet.
- Arbeiten in einem multiprofessionellen Team (habe ich in Schweden erlebt). Es gibt zentrale Orte, von denen bzw. in denen wir im Team arbeiten. In 10 Jahren: Pfarrer, Diakon, Religionspädagoge arbeiten in großen zusammengeschlossenen Regionen zusammen und setzen Schwerpunkte nach den jeweiligen Professionen.
- Die Altersgruppen werden stärker vernetzt sein. Ältere haben einen traditionellen Bezug zur Kirche und andere Altersgruppen können davon profitieren. Wir kommen weg von einem Zielgruppendenken: *die* Kinder, *die* Männer, *die* Familien oder *die* Alten.
- Nachhaltigkeit war in den letzten Jahren mein Thema! / Nachhaltigkeit sollte Schwerpunkt in der Gemeinde der Zukunft sein. Nachhaltigkeit auch im Ehrenamt: Ehrenamtliche sind länger dabei und erleben dabei eine persönliche Entwicklung, die als wertvoll wahrgenommen wird. Nachhaltigkeits-Exerzitien. Mitarbeitende sollten persönliche Stärken, Leidenschaften stärker in den Beruf einbringen können, auch wenn das auf den ersten Blick nicht in die traditionelle Gemeindearbeit passt

Unser Studium macht Lust zum Machen

Was bräuchte es in der Ausbildung für die zukünftige Arbeit?

- Vernetzung muss gestärkt werden: zwischen Ausbildung und Praxis / Zwischen Kolleginnen und Kollegen zur praktischen Hilfe (Materialaustausch, zum Austausch über die Arbeit, kollegiale Beratung).
- Kontaktpflege zu den unterschiedlichen Berufsgruppen in der Kirche.
- Schärfung des Berufsbildes: Was kann GP besonders gut? Wir haben eine super pädagogische Ausbildung – „Bildungspersonal Gottes".
- Qualität vor Quantität - Fachkräfte in der Kirche stärken.
- Weiße Flecken in der gemeindepädagogischen Arbeit erkennen: Kleinkinder, Menschen ohne Kinder, Angebote für Mittelschüler usw.
- Klassische gemeindepädagogische Arbeitsformen erreichen nur ein begrenztes Klientel.

Wenn wir an Zukunft denken, dann …

- Gemeindepädagogik muss Lebenswirklichkeit der Menschen bedenken.
- Kirche lebt von Beziehungen.
- Wertschätzung der Mitarbeitenden ist gering – unausgewogene Work-Life-Balance.
- die Anzahl möglicher Arbeitsorte pro Mitarbeitenden ist begrenzt, wenn die Arbeit Qualität haben soll („man sieht nur, was nicht geleistet wird").
- Der Job ist cool, aber es sind zu viele Arbeitsfelder und es fehlt die Wertschätzung.
- Lust auf die Arbeit in der Gemeinde, denn sonst hätte man Lehramt studiert.
- Gemeindepädagogik schafft Begegnungsräume zwischen den Altersgruppen, den Milieus und anderen Kulturen.
- Mitarbeitende brauchen Zeit für den eigenen Glauben. Raum der eigenen Spiritualität geben.

Gemeindepädagogik hat Zukunft

Peter Bubmann

Wie denken wir Gemeindepädagogik?

Von woher denken wir Gemeindepädagogik?

Worauf hin denken wir Gemeindepädagogik?

Wie gestalten wir Gemeindepädagogik?

Gemeindepädagogik als Praxis wie Theorie hat, wie die Theologie insgesamt, immer von der Zukunft her zu denken. Ihr Arbeitsfeld ist ein „vorläufiges" Terrain: vor(aus)laufend auf das zukünftige Reich Gottes hin, von dem es unter den Bedingungen des Vorletzten schon jetzt etwas wahrnehmbar machen soll (vgl. „Praxis Gemeindepädagogik" PGP 4/2015); und vorläufig im Sinne eines je neu zu aktualisierenden, stets neu zu reformierenden Handelns. Denn christliche Glaubensbildung ist nicht mit der Einweisung in überzeitlich-unveränderliche Dogmen zu verwechseln, sie hat vielmehr je neu um die angemessene Lebensgestaltung und die Entwicklung des Gottesverhältnisses zu ringen (und steht damit der Ethik nahe).

Auch allgemeinpädagogisch gesehen kommt Gemeindepädagogik nicht ohne den Zukunftsbezug aus: Wer Bildungsprozesse initiieren und begleiten will, muss mögliche Richtungen dieser bildenden Entwicklungen benennen können. Im Gewand der Kompetenzdebatte und in der schulpädagogischen Konzentration auf die Orientierung der Bildungsziele an möglichen späteren „Anwendungssituationen" kommt die mögliche Zukunft immer schon mit ins Spiel, wenn es an die Planung und Durchführung von Bildungsprozessen geht.

Mit der Zukunft ist es allerdings so eine Sache: Sie kommt meist anders, als gedacht, und hält allemal Überraschungen bereit. Vorhersagen lässt sie sich auch im Modus christlicher Glaubenshoffnung nicht einfach. Und trotzdem können die Praktiker wie die Theoretiker der Gemeindepädagogik nicht davon ablassen, Zukunftsszenarien zu entwickeln, um das gemeindepädagogische Feld zu bestellen sowie die Ausbildung auf mögliche Herausforderungen angemessen vorzubereiten.

Herausforderungen für Gemeinde und ihre Pädagogik sehe ich vor allem auf den Feldern (a) der Veränderung von Lebenswelten, Lernorten und Modi des religiösen Lernens, (b) der Veränderung von Gemeindestrukturen und Räumen der Kommunikation des Evangeliums sowie (c) von Strukturre-

formen im Gefüge kirchlicher beruflicher wie ehrenamtlicher Mitarbeit (vgl. zum Gesamten ausführlicher Bubmann 2014 sowie das Bildungskonzept der ELKB 2016).

Veränderungen der Lebenswelten, Lernorte und Modi religiösen Lernens

Heutige Lebensführung ist zunehmend stärker von Mobilität, globaler Vernetzung und Medialität geprägt. Die sozialen Medien und das Internet eröffnen auch neue Räume religiöser Kommunikation. Zugleich bleiben die traditionellen Räume des religiösen Austausches weiterhin wichtig, vor allem und sogar zunehmend Familie und Freunde. Hier finden prägende Prozesse informellen religiösen Lernens statt, die kirchlicher Bildungsarbeit meist nur indirekt zugänglich sind. Orte formellen (oder zumindest non-formellen) religiösen Lernens wie der Religionsunterricht, die Konfirmandenarbeit, Erwachsenenbildung oder die Jugendbildungsarbeit sind unverzichtbar. Sie stellen, bilden jedoch nur einen Teil des Spektrums religiöser Lernräume dar. Interreligiöse und interkulturelle Begegnungen nehmen an Bedeutung zu. Die religiösen Lernmöglichkeiten sind einerseits milieuspezifisch formatiert, andererseits individuell-biographisch ausdifferenziert.

Während traditionelle religiöse Sozialisationswege immer weniger greifen, werden bislang weniger beachtete Lernorte und Bildungsräume bedeutsamer: Die Kindertagesstätte etwa als milieuübergreifender Begegnungsort der Generationen (auch wenn sie nicht in kirchlicher Trägerschaft steht), öffentliche Aktionen wie der St.-Martins-Umzug, die Kantoreiarbeit, Kunstausstellungen und Musicalprojekte, Flüchtlingsarbeit und andere diakonische Projektarbeit. Christliche Bil- ➜

dungsprozesse ergeben sich eben nicht nur in den Handlungsfeldern, die explizit als religiöse Bildungsprozesse markiert sind und von gemeindepädagogischem Personal betreut werden. „Prägende religiöse Bildungsprozesse finden so oft ‚in, mit und unter' verschiedenartigen Kommunikationsprozessen und Ritualen statt, die vordergründig zunächst wenig mit religiösen Bildungsvorgängen zu tun zu haben scheinen. Es ist eine bleibende Aufgabe der kirchlichen Bildungsverantwortlichen, für diese vielfältigen Bildungschancen und Bildungsorte die Augen offenzuhalten." (ELKB 2016)

Daher ist es auch notwendig, noch stärker als bisher die dimensionale Sicht von Gemeindepädagogik einzuüben. Die „Praxis Gemeindepädagogik" (PGP) zeigt ja in der Wahl seiner Themenhefte, dass es darum geht, dort bildend präsent zu sein, wo immer christliche Themen relevant werden: bei Ritualen, Freizeit(en), Spiel, Inklusion, Naturerleben, auf Reisen, im interreligiösen Dialog oder in der Seelsorge … Dabei sind es gerade auch aus dem Strom des Alltags herausreißende besondere Ereignisse, die zukünftig noch mehr Gewicht erhalten werden: die Gestaltung von Trauerritualen und von Erinnerungskultur nach Katastrophen und Terroranschlägen, das Begehen von wichtigen Erinnerungsdaten (wie der Reformationstag 2017), das überregional groß angelegte Gospelchorprojekt, der Kirchentag, der in die Region kommt usw. Die institutionell mit verschiedensten Einrichtungen vernetzte Projektarbeit wird daher im gemeindepädagogischen Arbeitsfeld zukünftig noch stärkeres Gewicht erhalten.

Neue Gemeindeformen und Räume der Kommunikation des Evangeliums

Das alte Konkurrenzdenken zwischen parochialen Kirchengemeinden und kirchlichen wie diakonischen Einrichtungen, Diensten und Werken macht keinen Sinn mehr. Stattdessen entwickeln sich auf der Basis verschiedener kirchlicher Institutionen neue Räume der Kommunikation des Evangeliums und vielfältige Gemeindeformen, auch solche von „Gemeinde auf Zeit" (Bubmann u. a. 2019) und Gemeinde als „Netzwerk" (vgl. das Themenheft der Zeitschrift Pastoraltheologie 2018). „Mixed economy" und „fresh X"-Projekte sind dafür Leitmarken, Kulturprojekte, Radwegekirchen, besondere Gottesdienstformen an anderen Orten, Tauffeste, Pilgerwege und vieles mehr. Gemeinde wird fluider, auch wenn die Ortsgemeinde weiterhin ihre wichtige Beheimatungsfunktion für viele behalten wird. Die Kasualien werden noch viel stärker als heute zum Anker von Bildungsprozessen werden. Was Taufe bedeutet und warum eine Ehe gesegnet werden soll, versteht sich ja nicht mehr von selbst. Der Hausbesuch zur Vorbereitung solcher Feiern wird daher genuin als Prozess informeller religiöser Bildung verstanden und entsprechend durch die pastoralen Teams gewürdigt und begleitet.

Die demographische Entwicklung und damit einhergehende Veränderungen in der finanziellen Ausstattung der Landeskirchen zwingen bereits heute zu Kirchenreformprozessen, insbesondere zu Prozessen der Regionalisierung kirchlicher Arbeit. Diese führen nur dann nicht zu Resignation und apokalyptischen Szenarien, wenn sie bewusst als Bildungsprozesse begriffen werden: Alle, die an der Steuerung von Kirche und Gemeinde beteiligt sind, werden sich in viel höherem Maße als bisher damit zu beschäftigen haben, was Glauben heute heißt und wozu Kirche eigentlich gut sein soll, was ihr Auftrag heute ist und worin ihre Relevanz für die Welt besteht. Kirchenentwicklung wird so zugleich als Form von Gemeindebildung betrieben.

Das Miteinander der Berufsgruppen und die Zusammenarbeit mit dem Ehrenamt

Nachdem die gemeindepädagogische Theorie schon seit den 1970er Jahren für multiprofessionelle Teams geworben hat und das konstruktive Miteinander von Haupt- und Ehrenamt im Blick hatte, damit jedoch in der kirchenpolitischen Praxis nur phasen- und ansatzweise durchdringen konnte, erlebt das Thema derzeit in vielen Landeskirchen und auf EKD-Ebene eine Renaissance. Groß angelegte Prozesse wie derjenige zum „Miteinander der Berufsgruppen" in der Ev.-Luth. Kirche in Bayern (vgl. die Dokumentation ELKB 2018) stellen die Fragen nach den spezifischen Kompetenzen, die unterschiedliche Berufsgruppen in die kirchliche Arbeit einbringen und stellen die Weichen neu für eine verbesserte

Kultur und Struktur des professionellen Miteinanders. Die in vergrößerten kirchlichen Räumen agierenden multiprofessionellen Teams könnten zur Chance für gemeindepädagogische Berufe werden. Als Teil solcher Teams spielen gemeindepädagogisch Tätige ein dimensionales Bildungsdenken ein, übernehmen Verantwortung für vielfältige pastorale Handlungsfelder (inklusive seelsorgerlicher und diakonischer Aufgaben) und wirken so handlungsfeldbezogenen Versäulungen entgegen. Die häufig als berufliche Sackgasse erlebte Fokussierung auf Kinder- und Jugendarbeit wird überwunden. Religions- und Gemeindepädagogen werden als Teil einer gemeinsamen pastoralen Dienstgemeinschaft auch zunehmend mehr Leitungsverantwortung für pastorale Felder übernehmen und bei entsprechender Qualifikation auch die formelle Gemeindeleitung. Damit eröffnen sich auch neue „Karriere"-Wege und berufliche Entwicklungschancen. Noch stärker als bislang werden alle kirchlichen Berufsgruppen die Zusammenarbeit mit Ehrenamtlichen einüben und gestalten und dazu auch einen Teil ihrer bisherigen Zuständigkeiten an diese abgeben müssen. Die Begleitung und Fortbildung von Ehrenamtlichen wird zu einer Querschnittsaufgabe im pastoralen Dienst.

Gemeindepädagogik hat Zukunft. Denn sie sorgt für die Kommunikation des Evangeliums im Modus der Bildung. Bildung wiederum weitet und eröffnet Horizonte. Wo diese von Gottes Zukunft herleuchten, gelingen in gemeindepädagogischer Praxis wie Theorie hoffnungsvolle Schritte ins Land der Zukunft, dorthin, „wo er uns will und braucht" (EG 395, 2).

Literatur:

Bubmann, Peter (2014), Aktuelle Entwicklungen und Herausforderungen. Zum gegenwärtigen Stand der Gemeindepädagogik, in: Bernhard Mutschler/Gerhard Hess (Hg.): Gemeindepädagogik. Grundlagen, Herausforderungen und Handlungsfelder der Gegenwart, Leipzig, 45-61.

Bubmann, Peter (2015), Zum Miteinander der Berufsgruppen. Empirische und konzeptionelle Anstöße, in: Angela Hager/Martin Tontsch (Hg.) (für die Evangelisch-Lutherische Kirche in Bayern): Rothenburger Impulse. Wissenschaftliche Konsultation im Rahmen des Prozesses „Berufsbild: Pfarrerin, Pfarrer" in Wildbad Rothenburg vom 30.6. bis 1.7.2015, Nürnberg, 13-22, online: http://www.berufsbild-pfr.de/rothenburger-impulse (letzter Zugriff am 09.12.2018).

Bubmann, Peter/Fechtner, Kristian/Merzyn, Konrad/Nitsche, Stefan Ark/Weyel, Birgit (Hg.) (2019), Gemeinde auf Zeit. Gelebte Kirchlichkeit wahrnehmen, Stuttgart.

Evangelisch-Lutherische Kirche in Bayern (2016), Horizonte weiten – Bildungslandschaften gestalten. Bildungskonzept für die ELKB, München, online: http://www.schulreferat-n.de/elkb-bildungskonzept (letzter Zugriff am 09.12.2018).

Evangelisch-Lutherische Kirche in Bayern (2018), Rummelsberger Impulse. Symposion vom 12.-13. Januar 2018 in Rummelsberg im Rahmen des Prozesses „Miteinander der kirchlichen Berufsgruppen", Nürnberg, online: https://www.berufsgruppen-miteinander.de/rummelsberger-impulse (letzter Zugriff am 09.12.2018).

Themenheft „Die Gemeinde der Gemeindepädagogik" der Zeitschrift Pastoraltheologie, 107. Jg. (2018), H. 3.

Dr. Peter Bubmann, geb. 1962, ist Professor für Praktische Theologie am Fachbereich Theologie der Friedrich-Alexander-Universität Erlangen-Nürnberg (FAU). Veröffentlichungen s. Homepage: www.peter-bubmann.de.

ZURÜCKGEBLÄTTERT ZUM THEMA DIESES HEFTES

in: Die Christenlehre 15/1962, 37 und 39

Zukünftige Entwicklungsmöglichkeiten der katechetischen Arbeit

Wir hatten beobachtet, dass die rechte Zuordnung der mannigfachen Ämter in der Gemeinde bisher noch nicht in befriedigender Weise gelöst ist. Wir müssen also überlegen, ob im Interesse der Beteiligten und im Interesse der Aufgabe, die Botschaft an die Jugend weiterzusagen, eine andere Gestaltung fruchtbarer wäre. Wir denken dabei im Rahmen der Gemeinde an ein Corpus catecheticum. Damit meinen wir den engen Zusammenschluß all derer, die im Auftrage der Kirche mit der Jugend zu tun haben. Zu ihm müßten außer dem Pfarrer in erster Linie der Katechet, die Gemeindehelferin, der Diakon und die Kinderdiakonin gehören, von den anderen Mitarbeitern jeweils die, die ebenfalls mit der Gemeindejugend zu tun haben. In etwas lockerer Weise sollten auch die verantwortlichen Gemeindemitglieder herangezogen werden, die freiwillig und unentgeltlich im Kindergottesdienst, in der Mütterarbeit oder durch den Besuchsdienst bei den Eltern der Gemeindejugend tätig sind. (…)

Das Corpus catecheticum hätte die wichtige Aufgabe, die gesamte Arbeit an Kinden und Jugendlichen in der Gemeinde sinnvoll zu gliedern und die Mitarbeiter entsprechend ihren Gaben und Fähigkeiten einzuordnen. (…) Wenn alle zusammen den ständigen Wechsel im Gemeindeleben sorgfältig beobachten, kann das Corpus catecheticum schneller und zutreffender entscheiden, welche Art der Arbeit an Kindern und Jugendlichen im Augenblick vordringlich ist.(…) Wir müssen aber erfinderischer und beweglicher als bisher werden, um jeweils an der Stelle anzusetzen, wo gerade jetzt das Wort Gottes gesagt werden muß. Herwig Hafa

Resonanz spüren und geben

Auf dem Weg zu einer resonanzsensiblen Gemeindepädagogik

Matthias Hahn

Menschen sind aufeinander verwiesene soziale Wesen. Sie erwidern ein Lächeln mit einem Lächeln, lassen sich durch Gähnen anstecken und durch geballte Fäuste erschrecken. Menschen suchen den Kontakt zu anderen, erwarten deren Rückmeldung, gehen Beziehungen ein und steigen bisweilen auch wieder aus ihnen aus. Sie erfahren für ihr Tun und Lassen rückmeldende Resonanz. Auch in bisweilen fragilen sozialen Netzwerken wollen sie wissen, wer sie liked oder wie viele follower sie haben. Einige werden schon nach 10 Minuten nervös, weil keine neue Nachricht eingegangen ist und sie Sorge haben, vergessen worden zu sein. Das Gegenstück zur Resonanz ist die Entfremdung, wir erfahren in diesem Fall Lebensverhältnisse als repulsiv, also abweisend. Das ist nicht einfach moralisch zu verstehen. Resonanzsensibilität und Entfremdungssensibilität können einander bedingen.

So gesehen kann das Konzept von Resonanz als anthropologische oder sozialpsychologische Kategorie verstanden werden. Der Soziologe Hartmut Rosa benutzt in einem weiter gehenden Verständnis Resonanz als normatives Konzept, als Maßstab gelingenden Lebens und als Kriterium einer normativ orientierten Soziologie und Sozialphilosophie. Mit dem zugegebenermaßen reichlich schillernden Resonanz-Konzept formuliert er zum einen eine Kritik resonanzverhindernder gesellschaftlicher Verhältnisse wie insbesondere Beschleunigungszwänge und Konkurrenzdruck. Zum anderen stellt er Überlegungen an, wie Resonanzachsen nicht Entfremdung, sondern existenzielle Resonanzgewissheit hervorbringen können und entwickelt Konturen einer Postwachstumsgesellschaft, die gegen Hass und Ausgrenzung, gegen Entfremdung und Verdinglichung die humane Qualität der Weltbeziehung zum Maßstab individuellen und politischen Handelns erhebt. Wenn ich ihn recht verstehe, will er mit seiner Resonanztheorie der *Hoffnung* und der *Sehnsucht* nach besseren, menschlicheren Verhältnissen den Boden bereiten.

Der Ruf nach Resonanz erklingt in schwierigen Zeiten: Beschleunigung, Arbeitsverdichtung, Konkurrenz, Jagd nach immer neuen Ressourcen, Innovationsverdichtung, Entfremdung und immer weniger Gelegenheit, Selbstwirksamkeit zu spüren und Drähte zu den anderen zum Schwingen zu bringen – dies prägt auch den gemeindepädagogischen Berufsalltag.

Wie kann man da überhaupt Resonanz spüren? In einer Erhebung zur Situation der Gemeindepädagogik in der Evangelischen Kirche in Mitteldeutschland wird der enge Zusammenhang von Resonanz durch die Teilnehmenden an gemeindepädagogischen Aktionen und der Berufszufriedenheit der Mitarbeitenden deutlich. Eine wichtige weitere Dimension besteht zudem im Aufbau stabiler kollegialer Resonanzachsen bestehen. Ein großer Teil der Befragten in der EKM findet wünschenswert, dass das Kollegennetzwerk verbessert wird. So könne die Wirksamkeit erhöht werden und es entstünde mehr Anerkennung und Wertschätzung.

Wie zeigt man nun eine Haltung zu einer „dispositionalen Resonanz" als einer Fähigkeit, sich auf Resonanzbeziehungen einzulassen? Eine wichtige Bedingung sehe ich in einer achtsamen Existenz: „Achtsamkeit heißt, dass man das Trommelfeuer der Erwartungen, die Flut der Bilder und Ideologien, abschalten lernt – um wahrzunehmen, was ist. … Erst wenn man Menschen wahrnehmen kann, ohne sie unentwegt zu bewerten, erfährt man Verbundenheit." Es soll in diesem Beitrag um „Qualifikationen" gegen. Also frage ich, was jemand tut, um resonanzsensibel Gemeindepädagogik zu betreiben. Dazu einige praktische Beispiele, ein Blumenstrauß als eine systematische Betrachtung:

- „Da ist einer, der Dich hört, der Dich versteht und der Mittel und Wege finden kann, Dich zu erreichen, Dir zu antworten": *Seelsorgerliche Kompetenzen* sollten, wie nicht nur viele Mitarbeitende in der EKM-Studie meinen, ausgebaut werden. Viele Mitarbeitende rufen nach Weiterbildungen in der Schulseelsorge als Tätigkeit im Schnittfeld von Schule und Kirche.

- *Selbstwirksamkeit* spüren lassen: Indem man sich mit seinen Gruppen an Aktionen wie der des Bundes der Katholischen Jugend in Deutschland beteiligt - eine bundesweite Sozialaktion. Deswegen sollen in möglichst vielen sozialen Bereichen Projekte umgesetzt werden, die die Jugendlichen zusammen mit einer anderen Gruppe umsetzen. Das können zum Beispiel Gruppen aus einem Projekt der Jugendsozialarbeit, einem Wohnheim für Geflüchtete oder einer sozialen Einrichtung sein. In 72 Stunden werden dabei in ganz Deutschland Projekte umgesetzt, die die Welt ein Stückchen besser machen. Kin-

der, Jugendliche und junge Erwachsene setzen sich dabei konkret vor Ort für eine offene und solidarische Gesellschaft ein.

- Die *Augen zum Leuchten* und die *Atmosphäre zum Knistern* zu bringen: Dies sind sichtbare Zeichen für Resonanz, wie Rosa meint. Die Menschen sind bereit, etwas Neues zu spüren und sich darauf einzulassen. Themen, Inhalte, Methoden sprechen sie an.

- Kein anderes Medium hat so einen hohen Stellenwert bei der Herausbildung moderner Identitäten wie die Musik. „Musikhören hat für Jugendliche den höchsten Stellenwert in der Bewertungsskala ihrer Aktivitäten, und es behält diesen Stellenwert auch für viele Erwachsene", meint Rosa. Dies sieht auch der Gemeindepädagoge Bastian Loran aus dem eher ländlichen Coswig so. Gemeinsam mit dem Gemeindepfarrer und Teams aus jugendlichen und erwachsenen Ehrenamtlichen bringt er *Resonanzdrähte der Jugendlichen zu Kirche und Musik zum Vibrieren*. Mit einem Rockprojekt haben die Jugendlichen bereits einen Jugend-Engagement-Preis gewonnen: rock around Barock. Poetry slams und Konfi-camps: Das Geheimnis seiner überaus erfolgreichen Arbeit besteht nach Lorans eigener Einschätzung darin, dass die Jugendlichen ihre Selbstwirksamkeit erfahren, Akzeptanz und Interesse spüren. Sie können gestalten und sind verantwortlich für das Programm.

- Die *politische Dimension der Gemeindepädagogik* wieder entdecken: Mit anderen gründete der Jugendwart Christian Mende aus Greiz die Aktion „Vielfalt LEBEN":

Ziel ist, dass die im Landkreis lebenden Menschen Demokratie als erstrebenswert und individuellen Gewinn erleben und sich als Teil dieser Demokratie erfahren, um Demokratie nachhaltig zu entwickeln, zu stärken und zu erhalten – besonders im ländlichen Raum. Das Hauptaugenmerk liegt auf Anerkennung, Beteiligung, Bildung sowie Erleben von Gemeinschaft. Das WIR steht im Vordergrund. Vielfalt LEBEN versteht sich als Anlaufstelle bei der Schaffung einer Willkommenskultur sowie der Aufklärung der Bevölkerung. Die Förderung von Integration, Vielfalt sowie friedliches interkulturelles sowie interreligiöses Zusammenleben mit Migranten, Asylsuchenden und Geflüchteten werden unterstützt. Eine besondere Zielgruppe der Aktion sind Jugendliche. Die Jugendlichen können somit ihre eigenen Ideen verwirklichen und selbst Schwerpunkte setzen. Ob bei einem Greizer Suppenfest, der Beteiligung an einer interkul-

turellen Woche, erlebnispädagogischen Abseilaktionen, Partnerschaften mit jugendlichen Migranten: Kinder und Jugendliche haben Gelegenheit, ihre Möglichkeiten zu spüren. In der Sprache Hartmut Rosas kann man sagen: Das ist Kinder- und Jugendarbeit zur Stärkung kollektiver Selbstwirksamkeit für den Aufbau einer demokratischen Gesellschaft. Christian Mende meint, dass die Schaffung sicherer Rahmenbedingungen das wichtigste Element für Jugendliche darstellt, die sich in Ostthüringen politisch engagieren wollen. Dann trauten sie sich auch, die Ergebnisse zu ihrer Arbeit über Homosexualität und Diversität öffentlich zu präsentieren oder beim Greizer „Park- und Schlossfest" ein Banner zu tragen „Nächstenliebe braucht Klarheit". Sich zu zeigen, öffentlich für eine Gesellschaft der Vielfalt einzustehen, das bedeutet in Greiz das geduldige Bohren dicker Bretter.

Matthias Hahn ist Professor an der Evangelischen Hochschule Berlin (EHB).

PGP für die Praxis

Lars Charbonnier

Natürlich, Sie erwarten konkrete Praxisanregungen in der PGP, für die unterschiedlichen Zielgruppen und für bestimmte Feste im Kirchenjahr – und die bekommen Sie auch und weiterhin. Uns in der Redaktion ist in den letzten Jahren immer wieder aufgefallen, dass bestimmte Beiträge in der PGP selbst auch praktisch eingesetzt werden können – Gebete etwa, die wir abdrucken; unterschiedliche Meinungen zu einem bestimmten Diskurs, die gut unterscheidbar gesetzt sind; oder Textauszüge als Grundlage in einer Teamsitzung, einer GKR-Klausur, in der Konfirmandenarbeit. Wir haben deshalb entschieden, diese kleine, aber hoffentlich feine Rubrik neu einzuführen: PGP für die Praxis. In Zukunft werden Sie hier Anregungen dafür bekommen, wie Sie mit Beiträgen der PGP ganz konkret in die Bildungspraxis einsteigen können. Drei Ideen mit diesem Heft:

- Entnehmen Sie doch den Einblicken ins Gespräch aus den drei Gruppeninterviews (S. 6–8) einige Stichworte und nehmen diese als Grundlage für ein Zukunftsgespräch mit dem Kreiskonvent der Mitarbeitenden oder dem Leitungsteam Ihrer Gemeinde: Wie sieht die Zukunft der Kirche aus? Was wird anders sein? Wie wird es anders sein?
- Das Ehrenamt verändert sich (S. 28 f.) – Wenn Sie die drei Aspekte der Veränderung auf S. 28 einmal als Auszug in Ihre Haupt- und Ehrenamtlichen-Runden mitnehmen, diskutieren Sie miteinander: Was davon gibt es bei uns auch? Was noch? Und wie gehen wir damit um?
- Das Bild auf S. 40 kann in vielen Kontexten eingesetzt werden, im Gespräch mit Kindern, mit Seniorinnen, mit Konfirmanden – Was wird gesehen? Welche Gefühle werden spürbar? Und wie ist das mit dem Kirchgebäude bei uns?

FACETTEN DER GEMEINDEPÄDAGOGIK

Die Kunst am Anfang – die Kunst des Anfangens

Christine Ursel

Manchmal ist die Kunst schon am Anfang! Wenn man in München das Lenbachhaus betritt, um in dem bekannten Museum sich z.B. berühmten Werken des Blauen Reiter zu widmen, wird man durch einen riesigen **Leuchter in der Eingangshalle** überrascht.

„Ein spiralförmiger Wirbel aus poliertem Metall und farbigem Glas reicht im Atrium von der Decke bis dicht über die Köpfe der Besucher herab. Die Skulptur aus Stahl und Glas hat bei einer Höhe von acht Metern einen maximalen Durchmesser von acht Metern. Rund 450 Glasscheiben wurden hier präzise eingesetzt. „**Wirbelwerk**" betitelt Olafur Eliasson (*1967) seine Arbeit, die 2012 entstanden ist und deren Grundidee in ihrer Dynamik liegt: „Ein Wirbel reicht in seiner Kreisbewegung in die Tiefe, saugt aber aus der Tiefe alles wieder nach oben an die Oberfläche. (…) Bei der Skulptur Wirbelwerk werden steil ansteigende, sich verbreiternde Bahnen aus dreieckigen, transparenten Farbgläsern gehalten von konisch sich verjüngenden, polierten Metallrohren, die die Kreiselbewegung betonen. Von innen beleuchtet, strahlt die Skulptur und projiziert ihre Schatten und Farblichter auf die umliegenden Wände. Mit der Farbigkeit spielt Eliasson auf die Bildwelt der Gemälde an, zu der seine Arbeit emporführen möchte, von der sie aber zugleich herabreicht."
(www.lenbachhaus.de)
Dieses „Wirbelwerk" ist für mich ein Sinnbild für die Dimensionen und unterschiedlichen Aspekte der Gemeindepädagogik, die wir bei den Interviews mit den Studierenden wahrnehmen konnten (s. S. 6–8): Eine Kreisbewegung, die in die Tiefe und wieder heraus führt, anregende Dynamik und leuchtende Farben, erkennbare tragende Strukturen, in der Verbindung von oben und unten …

Im Folgenden werden wir ausgewählte Aspekte, die in den Interviews mit den Studierenden eine Rolle gespielt haben, exemplarisch beleuchten. Andere werden in die nächsten Hefte der „Praxis Gemeindepädagogik" mit einfließen. Als Facetten finden Sie hier nun folgende Themen – oft konkret an Beispielen dargestellt: **Gemeinde an anderen Orten, Interkulturalität, Verantwortung – Tradition – Entfremdung, Generationen, Ehrenamt, Digitalisierung, Eventisierung, visionäre Impulse.**

Die Kunst am Anfang im Lenbachhaus – für die Gemeindepädagogik bedeutet dies oft erst einmal die Kunst des Anfangens. Vielleicht können diese Beispiele reflektierter Praxis ein wenig vom „Wirbelwerk" und den unterschiedlichen **Facetten der Gemeindepädagogik** sichtbar machen und zum eigenen Experimentieren anregen.

Christine Ursel ist Fortbildungsreferentin beim Diakonischen Werk Bayern – Diakonie.Kolleg und Mitglied der Redaktion der PGP.

„Wir gehören zusammen – wir sind eins!"

Andrea Rogazewski

*Was wird die Qualität zukünftiger gemeindepädago-
gischer Arbeit ausmachen? Von welchen Initiativen
kann Gemeindepädagogik lernen, welche Konzepte
sind nützlich, Herausforderungen zu bewältigen und
zu gestalten? Wie interkulturelles Zusammenleben gelingt, ist Thema im Gespräch mit Andrea Rogazewski,
der Leiterin der Kindertageseinrichtung „Lindenparadies" der Johanniter Unfallhilfe (JUH) im Stadtzentrum
Erfurts, das Dorothee Schneider führte.*

**Dorothee Schneider (DS): Ihre Kita wurde mir
empfohlen als eine Einrichtung, in der das interkulturelle Zusammenleben sehr gut gelingt.
Ich bin neugierig, welche Herausforderungen
Sie meistern und welche Bedingungen erforderlich sind, damit alle Kinder und deren Familien und auch Sie und Ihr Team am Ende
des Tages sagen: Es war ein guter Tag für uns!
Beschreiben Sie doch bitte zunächst Ihre Einrichtung! Wo liegt sie? Welchen kulturellen
und sozialen Hintergrund bringen die Kinder
aus ihren Familien mit?**

Andrea Rogazewski (AR): Unsere Kita liegt im
Zentrum der Stadt. Durch die gute Lage und dadurch, dass sich unsere Art, wie wir mit den Kindern den Alltag leben und gestalten, herumge-
sprochen hat, werden wir stark frequentiert. Die
zentrale Lage der Einrichtung ermöglicht es uns,
die vielfältigen Angebote (Theater, Museen, Zoo,
Natur …) mit den Kindern zu erkunden, sowie ihnen ihre Stadt näherzubringen.

Wir haben laut Betriebserlaubnis eine Rahmen-
kapazität von 124 Kindern. Im Zuge der herausge-
gebenen Allgemeinverfügung der Stadt Erfurt im
Februar 2016, die Kapazität für die Aufnahme von
Flüchtlingskindern zu erhöhen, betreuen wir seit
diesem Zeitpunkt bis zu 130 Kinder. Aktuell sind
in unserer Einrichtung 22 Nationen vertreten. 45
Kinder haben einen sogenannten Migrationshin-
tergrund, davon 14 Kinder einen Flüchtlingsstatus.
Wir betreuen Kinder, die eine Behinderung haben
oder von Behinderung bedroht sind, ohne eine in-
tegrative Einrichtung zu sein. Entsprechende Unterstützung haben wir hierbei z. B. durch eine 1:1
Betreuung oder zusätzliche Förderstunden. Um es
gleich deutlich zu sagen: diese Angaben sind für uns
nur für die Statistik relevant und leider immer noch
erforderlich, wie viele andere Angaben auch, um
Unterstützung für bestimmte Fördermaßnahmen
beantragen zu können. Inklusion ist für uns wichtig
und aktuell, nicht einfach, aber wir haben uns auf
den Weg gemacht. Betreut werden unsere Kinder in
vier altersgemischten Einheiten, im Alter von zwei
Jahren bis zum Schuleintritt, wobei die Struktur
jeder Einheit gleich ist. Jedes Team besteht aus 3
pädagogischen Fachkräften und bekommt je nach
Mehrbedarf Unterstützung von einem unserer drei
Heilerziehungspädagogen.

**DS: Wie arbeiten Sie? Was ist Ihnen wichtig im
Hinblick auf die interkulturelle Begegnung?**

AR: Unser Ansatz besteht darin, nach Möglichkeiten zu suchen und nicht nach Problemen. Wir
wollen den Kindern gerecht werden. Unser Fokus
richtet sich nicht auf die augenscheinlichen „Be-
sonderheiten" des Kindes wie Nationalität oder ur-
sprüngliche Herkunft der Familie, dem sozialen Milieu oder Behinderungen. Wir fragen: Was braucht
das Kind? Welche Bedürfnisse hat es? Jedes Kind
ist auf seine Art etwas Besonderes und verlangt
unsere Aufmerksamkeit. Wir nehmen alle Famili-
en in den Blick. Indem wir jeden als besonders und
einzigartig ansehen, braucht es die Etikettierungen
nicht, die Kindern und Familien Zuschreibungen
zuweist. Unbedingt wichtig ist es, Verständnis und
ein offenes Ohr zu haben als Voraussetzung, Familien und deren Handlungsweisen verstehen zu
können. Das bedeutet nicht, dass ich alles als gut
befinde. Aus dem Verstehen und dem angeeigneten
Wissen heraus kann ein Gespräch mit den Familien
entstehen. Das schließt mit ein, die eigene Position
und Werte zu vertreten. Wir erklären den Eltern,
was für uns wichtig ist, worauf auch sie sich hin-
sichtlich unseres Konzeptes einstellen müssen. Dabei hilft das gemeinsame Ziel: das Wohl des Kindes.

Wir sind ein stabiles Team mit einem vergleichs-
weise geringen Krankenstand. Ich denke, darin
spiegelt sich unser Motto wider, die Kinder sollen
gern zu uns kommen und sich wohl fühlen, die Eltern sollen ein gutes Gefühl haben, wenn sie uns
ihre Kinder anvertrauen, und alle Mitarbeitenden
sollen gern zur Arbeit kommen und Freude haben,
an dem, was sie tun. Ich als Leiterin muss dabei
immer wissen, was an der Basis, in der täglichen
pädagogischen Arbeit in den Gruppen geschieht, um
Verständnis zu haben und reagieren zu können und
eine Idee zu bekommen, wie wir Lösungen finden.
Das ist mir als Leiterin sehr wichtig und ich weiß:
Eine Leitung ist nichts ohne ihr Team! →

Die Kita nahm teil an der Bundesinitiative „Frühe Chancen Schwerpunkt-Kitas Sprache und Integration". Es entstand z. B. eine Sonne als Sinnbild für die Gemeinschaft: „Wir gehören zusammen!" Jeder Sonnenstrahl wird einem Kind zugeordnet mit Namen in der Herkunftssprache des Kindes.

Damit Kinder sich wohlfühlen, braucht es eine Atmosphäre des Vertrauens und der Geborgenheit mit verlässlichen Bezugspersonen für Kinder und Eltern. Kinder sollen aus dem Vertrauensverhältnis heraus agieren und wissen, welche Regeln und Normen für sie sinnvoll und verbindlich sind. Dabei haben die Kinder Mitspracherecht bei Entscheidungen, die den Tagesablauf betreffen. Im Aufnahmegespräch mit den Eltern stelle ich unser Konzept des lebensbezogenen Ansatzes vor, das auch das religionspädagogische Konzept mit einschließt. Die Eltern können sich so bewusst für unsere Einrichtung entscheiden und wissen, wie wir arbeiten. Und: Viele Eltern wählen uns als konfessionellen Träger aus, weil es ihnen wichtig ist, dass Religion hier im Alltag auch eine Rolle spielt. Für interessierte Kinder gibt es religionspädagogische Angebote.

DS: Hat sich ihre Arbeit in den letzten Jahren verändert?

AR: Wenn ich zurückschaue, hat sich unser Arbeitsansatz nicht wesentlich verändert. Er ist die vielen Jahre weiter gewachsen. Sicher auch begründet durch unsere Lage in der Stadt haben wir seit der Übernahme der Kita durch unseren Träger, die JUH, im Jahr 2004 einen bedeutenden Anteil von Familien aus anderen Ländern und Kulturkreisen. Diese Erfahrungen sind für das Team nichts Außergewöhnliches. Bereits seit Beginn der 90er Jahre werden in der Einrichtung zunehmend Kinder und Familien betreut, die nicht aus Deutschland stammen. Die erste Flüchtlingsfamilie kam 2015 in unsere Einrichtung. Sicherlich gibt es anfänglich einen erheblichen Mehraufwand mit Familien, die nicht deutsch sprechen, um Abläufe und Formalitäten zu erklären. Am Anfang ist die Kommunikation auf ein Minimum beschränkt. Es geht vor allem darum, was erst einmal absolut notwendig ist, dass das Kind in die Kita kommen kann. Aushilfe erhalten wir von anderen Familien im Dolmetschen. Viele Familien bringen gleich einen Übersetzer mit. Wir arbeiten mit Bildern, Piktogrammen und den entsprechenden Gegenständen, um uns zu verständigen. Irgendwie klappt es immer, man muss nur wollen.

Von einem Willkommensschild in allen Sprachen, die Familien unserer Kita sprechen, haben wir Abstand genommen. Was ist, wenn wir eine vergessen haben? Was uns alle verbindet, ist die Sprache, in der wir miteinander kommunizieren, die deutsche Sprache. Und wo es damit Barrieren gibt, schauen wir nach Möglichkeiten sie zu überwinden.

DS: Welche Kompetenzen und Fähigkeiten sind für die pädagogische Arbeit erforderlich? Was bedeutet das für die Teamarbeit?

AR: Jedem Kind und dessen Familie mit dem gleichen Respekt unter gleichen Bedingungen begegnen, das ist unser Anspruch. Dazu gehört es, die pädagogische Arbeit zu reflektieren, offen sein für Neues, den roten Faden im Auge zu behalten und dabei prüfen, was geändert werden muss. Am Bewährten festhalten, aber auch auf dem neuen Stand sein und sich immer weiterbilden, tolerant sein. Und:Ich muss in der Lage sein,

die Perspektive des anderen einnehmen zu können, mich vor allem in das Kind hineinversetzen können. Wie empfindet der andere, wie ist ihm zumute? Das Team muss Belastungen standhalten und auch hier braucht es eine Atmosphäre, die es zulässt, Kritisches zu äußern und darüber sprechen zu können, was einen belastet und umtreibt.

DS: Wie sieht das Zusammenleben aus?

AR: Alle Kinder kennen sich untereinander, die Mitarbeitenden und die Familien. Die Eltern und die Kinder auch, können sich ihre Vertrauensperson aussuchen. Jeder im Team kann Ansprechpartner sein. Es gibt die Arbeit und das Leben in den einzelnen Einheiten, aber auch Gemeinsames, wo alle zusammen sind. Zum Herbstfest z. B. gibt es ein gemeinsames Frühstück an einer großen Tafel in unserem Turnraum. Wir feiern unsere traditionellen Feste in Deutschland hier in der Kita. Feste aus den verschiedenen Kulturen werden in die Kita getragen. Kinder bringen Gegenstände mit, erzählen, wie sie Feste feiern oder welche Traditionen es gibt. Erzieherinnen greifen das auf, integrieren es in den Tagesablauf. Es geht um das Kennenlernen, erklären und verstehen. Wichtig ist dabei Feingefühl und Sensibilität. Kinder sollen von uns nicht aufgrund ihrer „Andersartigkeit" hervorgehoben und in den Mittelpunkt gestellt werden. Der Impuls geht von den Kindern aus. Unsere Eltern können sich alle einbringen, die Türen stehen offen. Deshalb habe ich keine Sprechzeiten, jederzeit können Eltern mit ihren Anliegen zu mir kommen.

DS: Was möchten Sie nicht missen, worauf sind Sie stolz? Worin sehen Sie eine Bereicherung?

AR: Stolz bin ich auf das Team und ich habe Achtung vor der Arbeit des Teams, wie die Mitarbeitenden mit Herausforderungen umgehen. Es besteht eine gute Zusammenarbeit und ein großer Zusammenhalt. Vielleicht ermöglicht das ja auch das Zusammengehörigkeitsgefühl von Kindern und Familien. Entscheidungen werden gemeinsam mit dem Team getroffen, so werden sie auch von allen getragen und umgesetzt. Unser Alltag ist kunterbunt und vielfältig, dies möchte ich nicht missen. Mit jeder zu meisternden Herausforderung wächst das Team. Jede und jeder bei uns (wir sind 14 Frauen und 2 Männer) hat ihren/seinen Schwerpunkt in der pädagogischen Arbeit und alle ergänzen sich mit ihren Fähigkeiten und dem Gespür für die tägliche pädagogische Arbeit.

DS: Vielen Dank für das Gespräch!

Andrea Rogazewski ist Leiterin der Kindertageseinrichtung „Lindenparadies" der Johanniter Unfallhilfe (JUH) im Stadtzentrum Erfurt.

Zusammenarbeit auf dem Marktplatz

Chancen von Kooperationen bei Events

Manja Erler

Ländlicher Raum. Ein hübsches Dorf, 600 Einwohner. „Pyramidenanschieben" des örtlichen Heimatvereins. Der regionale Fleischlieferant macht den Bratwurststand, der Kindergarten singt an der Pyramide. Der Heimatverein bäckt Kuchen und kocht den Kaffee im Gemeindeamt, die Feuerwehr wärmt Glühwein und stellt den Nikolaus, der auf der Pferdekutsche (ein Fuhrbetrieb aus dem Ort) einmal imposant vorbeigerauscht kommt. Der Männerchor bietet ein Konzert an und braucht einen Raum. Die Kirche öffnet die Tür. Ein Gebet, ein Wort zum Advent, Segen für alle beim Konzert wird erwartet und verabredet. Samstag vor dem 1. Advent ist der Platz voll, das ganze Dorf ist auf den Beinen. Eine Kooperation. Ein Event. Nicht riesig, aber dicht dran an den Menschen. Kirche ist nicht Initiatorin, aber mittendrin und beteiligt. Der Aufwand ist auf viele Schultern verteilt und damit überschaubar. Entspannte, fröhliche Stimmung. Kirche als guter gastfreundlicher Nachbar.

Daneben sind wir selbst Veranstalter im öffentlichen Raum, z. B. bei Kirchentagen, oder werden als Partner für Großveranstaltungen angefragt. Spätestens dann gibt es auch kritische Fragen: Was hat die Beteiligung an Events eigentlich mit unserem Kirchesein zu tun? Muss da Kirche auch noch mitmachen? Was bringt das denn? Wo bleibt da unser Eigentliches?

Zum Beispiel bei der jährlichen Beteiligung von Kirche beim Tag der Sachsen. Gemeinden vor Ort übernehmen hier Verantwortung und gestalten drei Tage mit hohem Einsatz die Kirchenmeile. Prüfen wir das an den vier Kennzeichen von Kirche:

Liturgie – Mittagsgebet, Orgelmusik in der Kirche, geschmückter Altar und brennende Kerzen. Glockenläuten und Stille, Menschen, die nur mal schauen und sich vom offenen Kirchenraum anrühren lassen. Einzelne, die Kerzen anzünden zum Gebet. Ein gut besuchter Gottesdienst auf dem Marktplatz wird vom Rundfunk übertragen und erreicht so vor Ort wie virtuell eine große Gottesdienstgemeinde. Auf der Kirchenbühne Lobpreismusik, Posaunenklang. Menschen, die zuhören.

Zeugnis – Die Menschen an verschiedenen Info-Ständen, die etwas von ihrem Engagement oder von Kirche und Glauben weitergeben möchten. Okay, hier haben wir noch viel Luft nach oben. Flyer und Luftballons sind nicht alles. Die richtigen Worte fehlen uns manchmal noch, um die zwei Sekunden Zeit für den Kontakt zu gestalten. Aber wenn es gelingt, entstehen erstaunliche Gespräche. Überraschung, wenn nach skeptischem ersten Blick ein verschenktes Segenswort ein Lächeln gibt und noch ein zweites gewünscht wird, für die Mutter zu Hause. Oft auch die Herausforderung, zu Kritik an Kirche Rede und Antwort stehen zu müssen – Zeugnis zu geben. Glauben zu übersetzen. Auf Volksfesten kommen wir mit anderen Milieus in Kontakt, die wir in Gemeindeveranstaltungen oft nicht antreffen. Vieles, was Gemeindepädagogik ausmacht: elementarisieren, Themen der Daseins- und Wertorientierung ins Gespräch zu bringen und im Gewimmel für einen Moment Bedeutungsvolles für das Leben aus dem Evanglium heraus zu aufleuchten lassen, ist hier gefordert. Kreativität ist gefragt. Was ist für die Menschen relevant? Was bringen wir wie an Inhalt und Atmosphäre ein, was andere Beteiligte nicht können?

Diakonie –Kirche dient den Menschen auf dem Fest ganz praktisch: Das Café mit dem kostenlosen Kaffee. Offene Toiletten im Gemeindehaus. Sich einfach mal unterm Sonnenschirm hinsetzen können. Das offene Ohr für die Problembeladenen, die auch auf einem Volksfest zu finden sind und jemanden zum Reden treffen, der genau dafür auch Zeit hat. Der Service für die verschiedenen Künstler auf der Bühne, liebevoll gestaltet. Dienst - Gastfreundschaft - Seelsorge - beim Volksfest.

Gemeinschaft –Stark die Wirkung vor allem nach innen. Die beteiligten Teams wissen nach dem Wochenende, was sie geschafft haben. Zusammen! Die gastgebende Kirchengemeinde hatte die Verantwortung für die Kirchenmeile, die Bühne, den Umzug. Sie hat lange im Vorfeld beraten und vernetzt, meist in guter und weiter ökumenischer Zusammenarbeit. Entstanden sind verstärkte Beziehungen untereinander. Auch die Gemeinschaft mit den Kooperationspartnern der Kommune ist gestärkt. Kirche hat ihren Teil zum Gelingen des Ganzen beigetragen. Vertrauen ineinander ist gewachsen. Daran lässt sich bei anderer Gelegenheit gut anknüpfen.

Können wir also etwas von Kirche sichtbar werden lassen – aber natürlich!

Dass Kirche angefragt wird und auch selber Kooperationen sucht, ist eine Chance. Kooperationen zwingen dazu, sich selbst zu prüfen: Was haben wir in dieser Situation als Kirche zu sagen? Was wäre unsere Aufgabe? Und auch: Können wir leisten, was erwartet wird? Welche Ressourcen haben wir? Denn klar ist: Jede Kooperation macht zunächst Arbeit. Sie bindet Kräfte, Zeit und auch Finanzen. Und so ist vor der Zusage der Mitarbeit zu prüfen: Will ich das einsetzen? Und auch: Habe ich inhaltliche Grenzen und wo kann ich in der Gestaltung flexibel und kompromissbereit sein? Eine solche Klärung braucht es für einen fairen Umgang miteinander. Gerade wenn z.B. wirtschaftliche oder politische Interessen eines Partners eine Rolle spielen. Dann wird man Kompromisse finden oder eben nicht. Und manchmal endet hier auch die Idee einer Kooperation, weil es nicht geht.

Ist Kirche selbst Veranstalter, sollten Kooperationen geprüft werden. Das Familienzentrum beim Kirchentag 2011 wäre sicher auch in einer Kirche prima gewesen. Aber die Zusammenarbeit mit dem Hygienemuseum, die Einbeziehung von Akteuren der städtischen Kinder- und Jugendarbeit und aus der Ökumene hat die Ausstrahlung und Tiefenwirkung in Stadt und Kirche hinein erhöht.

These: Ein kirchlicher Event im öffentlichen Raum ohne Kooperationen ist eine verschenkte Chance für die Kommunikation des Evangeliums. Beteiligung ermöglicht Perspektiven, die wir selbst nicht einbringen können. So ist es einfach spannend für Besucher einer Bibelarbeit beim Dresdner Kirchentag, wenn Tänzerinnen der Palucca Schule auf einer Elbbrücke den Text künstlerisch umsetzten. Und es gab natürlich im Vorfeld eine inhaltliche Auseinandersetzung in der Schule zum Bibeltext. Religiöse Bildung ganz praktisch.

In der Gemeindepädagogik gehören viele Kompetenzen, die für die Gestaltung von Events und die Begleitung von Kooperationen wesentlich sind, zum Tagesgeschäft: strukturierte Projektarbeit, ein hohes Maß an Kommunikationsfähigkeit, Vernetzungskompetenz, die Fähigkeit, Glaubensinhalte als erfahrbare Lernprozesse oder Aktionen für verschiedene Menschen zu gestalten und die Ermächtigung und Motivation ehrenamtlicher Mitarbeitender.

Kooperationen bei Events im öffentlichen Raum stärken Beziehungen über Kirche hinaus, sind Übungsfeld für Sprachfähigkeit zum Glauben, können finanzielle und personelle Entlastung bringen und signalisieren die Wertschätzung anderer Akteure innerhalb einer Kommune. Auch im Alltag der Kirchgemeinde wird das seine Wirkung langfristig entfalten.

Manja Erler ist Referentin für Gemeindeaufbau und Mission in der EVLKS

Torte im Park

Kirche begegnen an anderen Orten

Katrin Bode

Ist „Torte im Park" ein Angebot der Bäcker- und Konditorenvereinigung? Nein! „Torte im Park" ist ein Projekt des Ev. Kreisjugenddienstes in Hildesheim, und der Name ist Programm. Viel wird für dieses Begegnungsprojekt nicht benötigt, nur Mut, eine gewisse Spontaneität und Neugier Menschen gegenüber ist sehr hilfreich.

Mit einem Bollerwagen, gefüllt mit Kaffee, Tee, kalten Getränken, Tellern, Bechern, einem kleinen Holztisch und allem, was zu einem Kaffeenachmittag gehört, einschließlich Tischdecke und natürlich einer großen Torte, ziehen wir in den Sommermonaten von Mai bis Oktober in unterschiedliche Parks von Hildesheim. Genauer gesagt: zu den Menschen in den Parks. Das können Kinder, Jugendliche, Flüchtlinge, Familien oder auch Menschen über 80 Jahren sein.

Einmal im Monat mittwochs ist ab 16 Uhr Tortenzeit. Und der Mittwoch ist bewusst gewählt, denn da haben die Arztpraxen geschlossen. Die Chance, dass sich Menschen auf den Weg in ihren Park machen, ist dann noch größer. Wir haben in unserem Bollerwagen Spielgeräte wie Frisbee, Leitergolf und Boulekugeln, um die Möglichkeit zu geben, miteinander etwas zu spielen und auch Kindern eine Beschäftigung anbieten zu können.

Wir suchen uns einen Platz im Park mit ein paar Bänken an einer gut sichtbaren Stelle, dann beginnt das große und für uns Beteiligte sehr aufregende Warten. Kommt überhaupt jemand oder reicht der Kaffee? Hat wohl jemand die kleine Zeitungsnotiz gelesen, dass heute „Torte im Park" angeboten wird, oder bei facebook die Aktion wahrgenommen? Ist das Plakat im Supermarkt um die Ecke registriert worden? Müssen wir im Notfall die Torte alleine essen oder reichen die „Angstkekse", die wir in der Hinterhand haben, für den großen Ansturm? Wie reagieren die Leute, wenn wir sie spontan ansprechen? Denken sie, wir wollen sie missionieren? All diese Fragen schießen uns durch den Kopf in den letzten 15 Minuten, bevor es losgeht.

Jeder Park hat sein eigenes Klientel. Da gibt es Parks mit vielen Kindern und Eltern oder Großeltern, Parks, die an einem Seniorenheim angrenzen und Parks, die schmuddeliger sind und wo schon von weitem skeptisch geschaut wird, wer denn da anrollt. Deshalb ist ein bisschen Mut gut.

Wir trauen uns diese Aktion nun schon seit vier Jahren und sind immer noch begeistert von den Begegnungen mit den Menschen. Auf diese außergewöhnliche und einladende Weise haben wir uns, wie es doch so oft von Kirche gewünscht wird, auf den Weg zu den Menschen gemacht. Wir haben einiges Positives im Gepäck: eine leckere Torte, nicht trockenen Zuckerkuchen, Zeit zum Reden und Zuhören und Kommunikation auf Augenhöhe.

Ist die Torte ein Lockmittel, um ahnungslose Passanten in ein Gespräch über Gott und Glauben zu verwickeln? Die Antwort ist Nein, doch die Menschen fangen ganz schnell von sich aus an zu erzählen. Von ihren Erfahrungen mit Kirche, guten wie schlechten. „Was ich

immer schon mal wissen wollte …" Gespräche, dieser Art haben ihren Platz bei der Torte im Park. Viele Menschen sind überrascht, Kirche auf diese unaufdringliche Weise zu erleben. Viele interessante Gespräche ergeben sich – auch zwischen den Tortengästen. Da treffen sich Nachbarn das erste Mal bei einem Stück Torte und stellen fest, dass sie in der gleichen Straße wohnen. Da nutzen junge Leute der Evangelischen Jugend diese Aktion, um sich mal wieder zu treffen und dabei nicht in einem anonymen Café zu sitzen. Da sind die überraschten Gesichter, dass dieses Angebot nichts kostet. Dies ist eine besondere Zugabe. Ich habe einfach Freude daran, Menschen zusammenzubringen und gemeinsam den Sommer zu genießen. Das ist meine Antwort auf die Frage, die irgendwann immer kommt: „Warum machen Sie das denn überhaupt?"

Dorthin zu gehen, wo die Menschen sowieso sind, das ist der Schlüssel. Erobern wir uns die öffentlichen Plätze zurück und nutzen sie. Einander zu begegnen und zu gucken, was passiert, ohne dass es einen Plan, einen Ablauf gibt, sondern zu spontan sein, das ist eine Wohltat für alle Beteiligten. Wir sind einfach nur da, und niemand muss hinterher ehrenamtlich in der Kirchengemeinde die Gemeindebriefe austragen oder sich zu irgendetwas verbindlich anmelden. Nicht zu fordern, sondern einfach zu geben, das ist es!

Und was machen wir bei schlechtem Wetter? Dann haben wir alle, die wir in dem Park zur selben Zeit sind, schlechtes Wetter und machen das Beste daraus. Ganz ehrlich, ich hatte in den letzten vier „Tortenjahren" noch nicht einmal so schlechtes Wetter, dass die Aktion nicht stattfinden konnte oder abgebrochen werden musste. Da liegt Segen drauf!

Schnell hat sich die „Torte im Park" einen Namen gemacht. Es gibt Kuchenliebhaber, die extra zum Kaffeeschmaus kommen, eine kleine Fangemeinde, die fast immer dabei ist, aber der größte Teil sind Zufallsgäste, die sich gerade in dem Park aufhalten. Im Übrigen kommen wir nicht mehr mit einer Torte aus. Es müssen schon zwei sein und Obst für Menschen, die sich vegan oder laktosefrei ernähren und selbstverständlich alles ohne Gelatine, denn es ist auch ein interkulturelles, interreligiöses Miteinander.

Begegnung ist das eine, Beteiligung das andere Thema bei diesem Projekt. Denn, Sie sollen es auch wissen, ich kann nicht backen! Es hilft mir auch nichts, wenn ich Tortenrezepte zugesteckt bekomme. Die Talente sind nun mal unterschiedlich verteilt.

Gott sei Dank, gibt es nun aber Menschen, die sich gerne unkompliziert engagieren, oft auch ganz spontan bei der Torte im Park, in die sie gerade „hineingeraten" sind. Die sagen: „Die nächste Torte backe ich." Wunderbar. Die Möglichkeit sich mit Begabungen, Talenten und Ideen einzubringen und so etwas wie „Gemeinde auf Zeit" zu sein, steckt in diesem Projekt. Ich habe oft das Gefühl, die Leute gehen mit einem besseren Gefühl nach Hause, und dafür lohnt es sich, mutig wieder mit dem Bollerwagen loszuziehen und Kalorien unter die Leute zu bringen.

Dieses Projekt würden wir sehr zur Nachahmung empfehlen, und es wurde auch schon in einigen Kirchengemeinden nachgemacht. Und wer keinen Park hat, der oder die findet einen anderen spannenden Ort für Begegnung.

Da bin ich mir sicher. Mutige voran!

Katrin Bode ist Diakonin im Kirchenkreisjugenddienst und in der Martin-Luther-Kirchengemeinde in Hildesheim.

Generationen zusammenbringen

Nele Marie Tanschus

Beginnen möchte ich mit folgender Begebenheit. Während eines intergenerationellen Projekts war ich als Referentin für den Bereich Arbeit mit Älteren bei der Gemeindepädagogin einer Kirchengemeinde zu Besuch. Irgendwann fragte mich der dortige Pastor etwas irritiert, was ich als Mitarbeiterin für Ältere denn von seiner Gemeindepädagogin wolle? Mir war nicht klar, dass Kinder und Jugendliche keinen Kontakt zu anderen Menschen haben dürften. Auch Kolleginnen in anderen Landeskirchen ging es ähnlich: „Sie sind doch angestellt für die Kinder- und Jugendarbeit! Was wollen Sie Generationen zusammenbringen?" Ja, warum ist es mir ein Anliegen Generationen zusammenzubringen?

Die Kirche im Dilemma

Kirche hat ein Nachwuchsproblem. Sei es einmal dahingestellt, welches Alter wir dabei betrachten wollen. Doch wie gelangen Menschen zum Glauben? Die Weitergabe von Werten und Religiosität erfolgt über die Generationen hinweg. Schon die KMU bestätigte dies. So tragen laut Lüscher Begegnungen und Dialoge zur Verständigung der Generationen über verantwortliches Handeln vor sich selbst, gegenüber anderen und gegenüber Gott bei und stärken zugleich den Zusammenhalt der Gesellschaft.

Nun, meine Frage an Sie, lieber Leser, liebe Leserin: Welche Orte/Themen/Projekte des konkreten Miteinanders der Generationen erleben Sie in Ihren Gemeinden? Ist es bei Ihnen auch noch häufig so, dass viele kirchliche Angebote dergestalt konzipiert und viele Kirchenglieder in der Art sozialisiert sind, dass es altersspezifische Gruppen in unseren Kirchen gibt? Peer-Groups sind schon lange ein Thema. Mitarbeitende werden angestellt für bestimmte Altersgruppen wie etwa Kinder, Jugendliche, junge Erwachsene, Mütter, Senioren. Dass diese Einteilung ihre Daseinsberechtigung hat, soll hier gar nicht bestritten werden. Doch wo geschieht der Austausch der Generationen in unserer Kirche?

Vielleicht liegt unser Nachwuchsproblem ja auch an einem zu „geringen" oder einem „falschen" Austausch zwischen den Generationen? Und genau deswegen ist es essenziell, die Generationen nicht in ihren altersspezifischen Kreisen zu belassen, sondern einen Austausch der Generationen anzuregen!

Was sind Generationen eigentlich?

Sicher kennen Sie einige der folgenden exemplarischen Begriffe: 68er, 89er, Babyboomer, Generation Golf, Generation Praktikum, Generation Y usw. Was all diesen Gruppen gemein ist: Sie weisen aufgrund gleicher und benachbarter Geburtsjahrgänge Gemeinsamkeiten auf im Sinne von generationstypischen Erfahrungen, vielleicht auch Werten oder Lebensstilen, nicht aber per se aufgrund ihrer Altersgruppen. Dann gibt es noch die familialen Generationen. Diese beziehen sich in der Regel auf die Abstammungslinie: Enkel, Kinder, Eltern, Großeltern, Urgroßeltern. Man bleibt immer das Kind seiner Eltern, kann aber später aufgrund von Rollenpluralität mehreren Generationen gleichzeitig angehören: z.B. denen der Kinder und der Eltern.

Demographie und intergenerationelle Beziehungen

Die demographische Entwicklung beeinflusst auch die intergenerationellen Beziehungen: eine bessere Gesundheit, eine höhere Lebenserwartung und eine geringere Sterblichkeit. Damit steigt die Zahl der gleichzeitig lebenden „Generationen". Die geteilte Lebensspanne wird länger. Das Potenzial für gemeinsam zu verbringende Zeit und intergenerationellen Austausch steigt.

Zum Generationenzusammenhalt

Generationensolidarität basiert nach Bengston auf drei Säulen, Szydlik ergänzt sie: (1) emotionale Verbundenheit, (2) Art und Häufigkeit der Kontakte, (3) Austausch von Geld, Zeit und Raum, (4) individuellen Möglichkeiten, Erwartungen, Wünschen und Bedürfnissen der Beteiligten, (5) Familienstrukturen, in denen die Generationenbeziehungen geführt werden und (6) gesellschaftliche, kulturkontextuelle Faktoren. Betrachtet man 1 bis 3, so ist es in den Familien mehrheitlich gut um den Generationenzusammenhalt bestellt: Er gilt als überwiegend stabil, man fühlt sich mindestens eng verbunden, spricht und sieht sich regelmäßig und bestätigt eine Solidarität untereinander (Haushalt, Transfers, Enkelbetreuung, emotionale Unterstützung, Zusammenleben bei stärkerer Hilfebedürftigkeit). Außerhalb der Familie finden laut Lüscher Generationenbegegnungen und -dialoge allerdings nicht so selbstverständlich statt.

Das Miteinander der Generationen in unserer Kirche

Drei Anfragen:
- Fühlen sich die Generationen bei uns in den Kirchengemeinden emotional miteinander verbunden?
- Wie häufig und auf welche Arten haben verschiedene Generationen unserer Kirchengemeinden miteinander Kontakt?
- Findet ein Austausch zwischen den Generationen in unseren Kirchengemeinden statt?

Konkretisiert an einem durchaus geläufigen Beispiel, das Singen der Kindergartengruppe im Altenheim: Fühlen sich beide Gruppen emotional verbunden? Wie häufig findet das Singen statt? Reden sie miteinander? Gibt es einen richtigen Austausch zwischen den Generationen? – Eher nicht.

Wir wollen Orte des Austausches, des Miteinanders werden. „Austausch" statt „Nehmen". Beziehungen basieren auf Nehmen UND Geben. Ältere mögen auch nicht immer nur etwas passiv erhalten. Sie wollen und können etwas geben: Geschichten, Ratschläge, ein offenes Ohr, Hinterfragen etc. Es gibt Eigenschaften, die jüngere und ältere Menschen auszeichnen und die einen Austausch bereichern können. Älteren werden etwa folgende Eigenschaften zugeschrieben: u. a. Erfahrung, Gelassenheit, Kontinuität, Rücksichtnahme, Traditionsbewusstsein, Langfristperspektive. Jüngeren werden hingegen diese nachgesagt: u. a. Spontaneität, Flexibilität, Risikobereitschaft, Offenheit, Neugier, Technikbegeisterung. Das sollten wir nutzen. Wichtig dabei: Alle Gruppen müssen in ihren Erwartungen respektiert werden; kein Projekt darf auf Kosten einer bestimmten Gruppe gehen. Und außerdem: Bei intergenerationeller Arbeit gibt es mehr als nur die Möglichkeit „Kinder und ältere Menschen". Es gibt schon einiges Erprobte, das Mut macht und Lust auf mehr. Zum Beispiel Geocaching: Ältere bereichern neue Verstecke in diesem Suchspiel mit ihrem Wissen um die Gegend, Jüngere geben Technik-Know-how weiter. Oder das Projekt Silberhochzeit: Eine Schulklasse führt Gespräche mit einer Kirchengemeinde über die DDR und die Wendezeit. Die anschaulichen Erlebnisse der Erwachsenen verarbeiten die Jüngeren kreativ in Kunstprojekten. Dabei wurde nicht nur auf Generationen in der Kirchengemeinde geschaut. Die Vielfalt und die Ideen sind vorhanden: Großeltern-Enkel-Freizeiten, Themengottesdienste gemeinsam vorbereiten, ein Spielenachmittag von 6–99 Jahre, Lebenswege von Konfirmanden mit Älteren gemeinsam gehen lassen, lebendiger Adventskalender und vieles mehr.

Generationenvernetzende Arbeit kann ein Schritt in die Zukunft der Kirchen sein. Denn wie werden wir Teil einer Gemeinschaft? – Indem wir Gemeinschaft leben! Und nun, da Generationenbegegnungen und -dialoge außerhalb der Familie nicht selbstverständlich stattfinden, sondern durch Dritte angeregt werden müssen, haben wir eine Aufgabe!

Nele Marie Tanschus ist Diplom-Gerontologin und Referentin in der Fachstelle Alter der Nordkirche im Hauptbereich Frauen und Männer, Jugend und Alter.

Verantwortung – Tradition – Entfremdung

Ethnografische Erkundungen im Gebiet des Regionalkirchenamtes Leipzig

Juliane Stückrad

Der Beitrag bezieht sich auf eine ethnografische Studie, die im Auftrag der Evangelisch-lutherischen Landeskirche Sachsens entstand.[1] Herausgeber ist das Evangelische Zentrum Ländlicher Raum Heimvolkshochschule Kohren-Sahlis. Die Studie sollte klären, ob das bei Pfarrerinnen, Gemeindepädagoginnen und in Strukturgruppen bestehende Kirchenverständnis auch dem der Gemeindeglieder in drei ausgewählten Musterdörfern des Regionalkirchenamtes Leipzig entspricht. Ziel der ethnografischen Datenerhebung war es, im kulturellen Kontext zu erfahren, wie Menschen die Kirche in ihren Dörfern wahrnehmen? Welche Erwartungen haben sie und auf welche Erfahrungen stützen sich ihre Meinungen?

Der Begriff Kirche wurde dabei in seiner vielschichtigen Bedeutung verwendet, um einen umfassenden Eindruck von den Wissensbeständen der Befragten zu bekommen. Es ergab sich im Zuge der Datenerhebung, dass Kirche in ihrer Materialisierung als Gebäude, Pfarrhaus, Gemeinderaum oder Friedhof wahrgenommen wird. Sie erscheint als soziales Netzwerk in Form der Institution, einer bürokratischen Verwaltung, des Pfarrers, der Pfarrerin und kirchlicher Mitarbeiter, des Kirchenvorstandes und der Gemeinde, in der man ähnlich einem Verein Mitglied ist oder nicht. Kirche wurde aus ökonomischen Gesichtspunkten wie ein Wirtschaftsunternehmen und als karitativer Verein beschrieben. Schließlich sahen die Gesprächspartner in der Kirche auch ein Wertesystem, an dem sie sich selbst messen lassen muss.

Es zeigte sich, dass in jedem Dorf andere Bedeutungen der Kirche hervorgehoben wurden, abhängig von der historischen und sozialen Entwicklung. Die Gewichtung der Bedeutung der Kirche schien immer in dem Bereich zu liegen, der in der lokalen Identität als problematisch angesehen wurde. Und genau an dieser Stelle zeigt sich das Potential von Kirche als vermittelnde und Gemeinschaft stiftender Instanz. Dieses kann aber nur ausgeschöpft werden, wenn Kirche in der Auseinandersetzung mit lokal bedingten Problemlagen eine aktive und konstruktive Rolle einnehmen kann. In den drei untersuchten Fallbeispielen bestand aber vielmehr der Eindruck,

dass dies nicht kontinuierlich und lediglich punktuell gelingt. Allzu leicht passiert es, dass die Kirche ein Teil der lokalen Konfliktkultur ist und aus eigener Kraft dem wenig entgegensetzen kann. In Dorf A[2], das einen Pfarrsitz hat, spielte die Kirche eine wichtige Rolle im Netz reziproker Beziehungen. Die Menschen engagieren sich in der Kirche und erwarten dafür irgendwann eine entsprechende Gegenleistung. Wenn diese ausbleibt, lasten sie das der Kirche als Mangel an: „Man hat jahrelang geholfen und dann braucht man einmal Hilfe, aber nichts!" In Dorf B, das vor über 20 Jahren seinen Pfarrsitz verlor, wurde die Kirche vor allem in Zusammenhang mit der lokalen Tradition gebracht, „weil es ja jemanden geben muss, der die Tradition aufrechterhält". Dorf C hat seit 100 Jahren schon keinen eigenen Pfarrer mehr. Hier war die mühsame Gemeinschaftsbildung das wesentliche Thema. „Man kriegt sie kaum noch, kaum was kommt noch. Keiner will sich voranstellen."

Darüber hinaus enthält das Datenmaterial Themen, die dorfübergreifend die Menschen beschäftigen. Die daran anschließende Gliederung der Studie ergab sich aus den von meinen Gesprächspartnern benannten Schwerpunkten, von denen einige hier dargestellt werden:

1. **Kirche** wird **als Ort** wahrgenommen. „Und wenn man die Kirche im eigenen Ort hat, geht man da doch lieber hin." Daran wird erkennbar, dass die lokale Identität über dem Identitätsangebot der christlichen Gemeinde steht, das als weniger verbindlich wahrgenommen wird.
2. Kirche ist aber auch die **besondere Zeit**. Die Gespräche versuchten zu ergründen, wann Menschen in den Gottesdienst gehen und wann nicht. „Der Sonntag ist der einzige Tag, wo man was auf dem Grundstück schafft." Der Gottesdienst als besondere Zeit wird dort gut besucht, wo es ihm gelingt, familiäre und lokale Verpflichtungen mit dem Bedürfnis nach Sinnstiftung zu verknüpfen.
3. Als nach wie vor wesentlich für ein gelingendes Gemeindeleben wird das **Verhältnis zum Pfarrer** er-

achtet: „Es liegt am Pfarrer, ob die Leute in die Kirche kommen." Er gilt als der religiöse Spezialist, den man vor allem in Krisensituationen in der Nähe wünscht. Er soll das jeweilige Dorf- und Gemeindeleben wertschätzen und sich persönlich den Menschen zuwenden.

4. Ein weiterer Schwerpunkt der Gespräche lag auf der Arbeit der **Ehrenamtlichen**, die nicht als selbstverständlich angesehen werden sollte. „Da fragt man sich schon, warum man sich so einsetzt." Kirchenvorstände haben das Potential, die dörfliche Lebenswelt auch über das Gemeindeleben hinaus positiv zu gestalten.

5. Auch um den **individuellen Glauben** drehten sich die Gespräche. Ein „Grundgottvertrauen" scheint weit verbreitet. Es kann jedoch weitestgehend abgekoppelt von christlichen Lehren existieren. „Gott hat mir dann geholfen. Er hat alles geregelt. Aber Kirche und Gott sind ja auch zwei Sachen." Am Beispiel der Bedeutung des Totengedenkens zeichnete sich ab, dass ein Rückgang der theologischen Begleitung zur Zunahme abweichender Frömmigkeitsformen führt.

6. Der lange Atem der DDR zeigt sich innerhalb der Dörfer noch immer. Kirchenzugehörigkeit oder Kirchenferne sind Teil eines vielschichtigen und komplizierten Bewertungssystems, das seitens der Kirche aufgearbeitet werden müsste, um dem **Dorf- und Gemeindeleben** neue Dynamik zu verleihen.

Abschließend wurden Gedanken notiert, wie zukünftiges Gemeindeleben gestaltet werden könnte. Der Rückgang der Gemeindegliederzahl sollte dabei nicht als unabwendbares Schicksal angesehen werden. Vielmehr müssten Wege gesucht werden, diesem entgegenzuwirken. Dabei ist dörfliches Leben bei Strukturplanungen in seiner eigenen Qualität der Vergesellschaftung nicht nach städtischen Maßstäben zu bewerten. Die jeweilige lokale Kultur sollte weniger nach ihren Schwächen, sondern nach ihren Stärken befragt werden. So entsteht Selbstsicherheit als Voraussetzung dafür, dass man unbefangen auf andere Gemeinden zugehen kann, ohne das Gefühl zu erhalten etwas zu verlieren. Es bedarf einer besseren Vorbereitung angehender Kirchenmitarbeiterinnen auf die Arbeit in ländlichen Räumen. Der Rückgang des Gemeindelebens in den Dörfern muss offen als Problem von Pfarrern, Gemeindegliedern und Kirchenleitung angesprochen werden. Zusammen sollte eine ehrliche Problemanalyse erfolgen, als Voraussetzung für die Entwicklung einer gemeinsamen Vision.

Anmerkungen

[1] Stückrad, Juliane (2017). Verantwortung – Tradition – Entfremdung. Zur Bedeutung von Kirche im ländlichen Raum. Eine ethnographische Studie in drei Dörfern im Gebiet des Regionalkirchenamtes Leipzig. Herausgegeben von: Evangelisches Zentrum Ländlicher Raum Heimvolkshochschule Kohren-Sahlis. Kohrener Schriften 2. Großpösna; als PDF unter: <https://hvhs-kohren-sahlis.de/publikationenmitteilungen/kohrener-schriften>.

[2] Dörfer und Gesprächspartnerinnen wurden anonymisiert.

Dr. Juliane Stückrad studierte Ethnologie und Kunstgeschichte an der Universität Leipzig und promovierte im Fach Volkskunde/Empirische Kulturwissenschaft an der Friedrich-Schiller-Universität Jena. Sie arbeitet freiberuflich in den Bereichen Forschung, Lehre und Wissenschaftskommunikation.

Ehrenamtsförderung planen und koordinieren

Neue Herausforderungen in der Zusammenarbeit mit Ehrenamtlichen im gemeindepädagogischen Arbeitsalltag

Christiane Metzner

Gemeindepädagogen arbeiten in vielen Bereichen mit Ehrenamtlichen eng zusammen. So koordinieren sie häufig die Ehrenamtsarbeit mit Gemeindegliedern, Seniorinnen und Senioren, Eltern, Jugendlichen und anderen Engagierten. Gleichzeitig verändert sich das Ehrenamt. Die Menschen, die sich ehrenamtlich betätigen, erwarten mehr und mehr professionelle Begleitung durch ihre Ansprechpersonen. Sie sehen die beruflichen Mitarbeitenden in der Zuständigkeit, ihre Tätigkeit mit förderlichen Rahmenbedingungen zu umgeben. Gemeindepädagogen in ihren vielfältigen Einsatzbereichen stehen daher in Zukunft besonders vor der Herausforderung, kompetente Förderung mit Mitteln der Ehrenamtskoordination zu leisten. Doch was bedeutet das, was steckt hinter dem Schlagwort „Ehrenamtskoordination"?

Das Ehrenamt verändert sich

Viele von uns merken es schon seit einiger Zeit sehr deutlich: Das Ehrenamt in den Gemeinden wandelt sich stark. Und damit verändert sich auch die Rolle von Gemeindepädagogen.
An drei Punkten ist dies besonders sichtbar:

1. Menschen engagieren sich zeitlich befristet
Ehrenämter werden immer häufiger nur für eine begrenzte Zeit übernommen, die Menschen schauen stärker auf ihr persönliches Zeitbudget. Sie haben den Wunsch nach klaren Rahmenbedingungen in ihrem Engagement und nach verlässlicher, transparenter Kommunikation. Die Ehrenamtlichen möchten genau wissen und vereinbaren, an welchen Stellen der Gemeinde sie wie, warum und wie lange Verantwortung wofür übernehmen. Es reicht daher längst nicht mehr, eine bisher nicht engagierte Person nach Mitarbeit im Kindergottesdienst-Team zu fragen. Ein fester Zeithorizont ist eine unerlässliche Absprache im Vorfeld. Gemeindepädagogen sind hier Kommunikationsmanager.

2. Neue Engagementformen entstehen
Projektartiges, kreatives, sozialraumorientiertes Engagement, zum Teil online / offline verschränkt, ergänzt und erweitert die bisherigen Formen von Ehrenamt. Der Blick der Ehrenamtlichen wendet sich weg von den Aufgaben, die erledigt werden müssen, hin zu den Zielen, die sie erreichen wollen. Sie sehen sich als Partnerinnen und Partner und erwarten von ihren beruflichen Ansprechpersonen professionelle Unterstützung. Die Ehrenamtlichen wollen stärker mitgestalten können – ist dies in der Gemeinde nicht möglich, engagieren sie sich an anderen Orten. Gemeindepädagogen sind hier Entwicklungshelfer für die neue Engagementformen in ihrem Arbeitsfeld.

3. Das Ehrenamt wird zum Lernfeld
Viele Engagierte haben die Erwartung, in ihrem Ehrenamt Qualifikationen zu erwerben. Die Frage „Was nehme ich für mich, meine Entwicklung, meine berufliche Orientierung oder auch meine persönliche Qualifizierung mit?" steht häufig bereits vor der Aufnahme eines Engagements und wirkt stark auf die Entscheidung für oder gegen eine weitere Betätigung. Gemeindepädagogen sind hier Bildungsagenten.

Was ist Ehrenamtskoordination?

Ehrenamtskoordination steht für ein strukturiertes Vorgehen in Kontexten, in denen mit Ehrenamtlichen zusammengearbeitet wird. Dies umfasst die systematische Planung, die nachhaltige Gewinnung und Begleitung sowie die individuelle Anerkennung.

Es gibt bisher kein feststehendes Berufsbild zur Ehrenamtskoordination. Wir verstehen darunter eine Zusatzqualifikation, die extern erworben werden kann oder in den aktuellen Ausbildungsgängen Gemeindepädagogik in Teilen bereits integriert ist. Hier lernen angehende Gemeindepädagogen, von der Situation ihrer Gemeinde oder Einrichtung ausgehend, die vorhandene Ehrenamtsförderung zu analysieren und Schritte zur Verbesserung zu planen und umzusetzen. „Wie kann ich neue Zielgruppen ansprechen, neue Ehrenamtliche in meinem Arbeitsfeld hinzugewinnen, die Anerkennungskultur in der Gemeinde verbessern oder die Begleitung professionalisieren?": Dies sind klassische Fragen, die ausgebildete Ehrenamtskoordinatorinnen für ihren Arbeitsbereich beantworten und bearbeiten können.

Methoden, die hier zum Einsatz kommen, sind spezifisch darauf ausgelegt, die Arbeit mit Ehrenamtlichen zu professionalisieren. In ihrer Gesamtheit können sie zu einer ausgewogenen und nachhaltigen Engagementförderung in kirchlichen Arbeitsfeldern führen.

Ehrenamtskoordination in der Welt der Gemeindepädagogik

Auf die Welt der Gemeindepädagogik übertragen und am Beispiel der Arbeit mit Kindern ausbuchstabiert, heißt Ehrenamtskoordination:
Planung: Der Gemeindepädagoge erkennt den Bedarf für ein neues Angebot für Familien und überlegt sich genau, wie dieses Angebot an dem Standort aussehen müsste, damit es zur Gemeinde passt und gleichzeitig für Ehrenamtliche attraktiv ist.
Gewinnung: Menschen werden angesprochen, ob sie sich ehrenamtlich unter diesen Bedingungen engagieren möchten. Mit Interessierten führt der Gemeindepädagoge ein Erstgespräch, erfährt, warum die Person sich engagieren möchte, und ist in den ersten Schritten im Ehrenamt dabei.

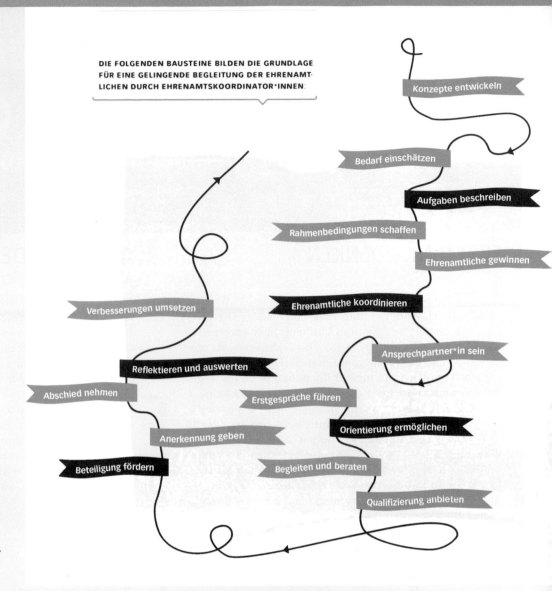

DIE FOLGENDEN BAUSTEINE BILDEN DIE GRUNDLAGE FÜR EINE GELINGENDE BEGLEITUNG DER EHRENAMTLICHEN DURCH EHRENAMTSKOORDINATOR*INNEN:

Konzepte entwickeln

Bedarf einschätzen

Aufgaben beschreiben

Rahmenbedingungen schaffen

Ehrenamtliche gewinnen

Verbesserungen umsetzen

Ehrenamtliche koordinieren

Ansprechpartner*in sein

Reflektieren und auswerten

Abschied nehmen

Erstgespräche führen

Orientierung ermöglichen

Anerkennung geben

Beteiligung fördern

Begleiten und beraten

Qualifizierung anbieten

Bausteine für eine gelingende Begleitung der Ehrenamtlichen. Praxishilfe Ehrenamt der EKBO (2017), 16

Begleitung: Der Gemeindepädagoge ist für die Einhaltung der Qualitätsstandards zuständig. Haben die Ehrenamtlichen die erforderlichen Kompetenzen und formalen Bedingungen (Führungszeugnis etc.)? Er ist verantwortlich für die regelmäßige Reflexion der Tätigkeit. Wie geht es ihnen mit ihrem Ehrenamt, was brauchen sie, um sich gut engagieren zu können, welche Fortbildungen können vermittelt werden?

Anerkennung: Gemeindepädagogen als berufliche Ansprechpersonen von Ehrenamtlichen sind zuständig für die individuelle Anerkennung und Würdigung des Einsatzes und der Anstrengungen.

Welche Rolle wird diese aufkommende, sich entwickelnde Professionalität der Ehrenamtsförderung in der gemeindepädagogischen Arbeit der Zukunft spielen?
Angesichts des Wandels von Ehrenamtlichkeit in Gemeinden, der neuen Engagementformen und des Anspruchs, Engagement im Raum der Kirche als Lernort zu verstehen, kommen auf die Gemeindepädagogen der Zukunft besondere Herausforderungen zu. Werkzeuge der Ehrenamtskoordination und des Freiwilligenmanagements können dabei unterstützen, diesen Herausforderungen zu begegnen.

Bei den Gemeindepädagogen und ihren Anstellungsträgern ist das Verständnis, dass sie es sind, die die engagementfördernden Strukturen in ihrem Arbeitsfeld verantworten, noch nicht verbreitet. Erste Schritte zeigen sich jedoch in Stellenprofilen, die diese Arbeit abbilden. Der Zusammenarbeit mit Ehrenamtlichenkönnen die Gemeindepädagogen nicht ausweichen. Ehrenamtliche sind Partnerinnen und Partner vor Ort, die mit klaren Erwartungen und Ansprüchen eine Bindung auf Zeit mit ihrer Gemeinde eingehen. Diese Bindung zu etablieren, zu fördern, zu pflegen und zu würdigen, wird Aufgabe der Gemeindepädagogen sein.

Christiane Metzner ist Studienleiterin für Ehrenamt im Amt für kirchliche Dienste der EKBO.

Gute Kanäle für die gute
Eine Ermutigung zu Experimentierfreude mit „Neuen Medien"

Karsten Müller

SICH HINEINDENKEN

„Diese *Digitalisierung* hat es nicht leicht bei uns!" „Warum nicht?" „Kirche wandert immer noch im finstern Digital!²" So hörte ich noch vor Kurzem Ehrenamtliche sprechen.

Die *Vorbehalte* sind bekannt: Die Technik sei zu teuer, entfremde von der sogenannten Wirklichkeit, stehe authentischer Begegnung und Kommunikation im Wege, erfordere ein zeitliches Pensum, das für eine inhaltliche Arbeit benötigt wird, vernachlässige den Datenschutz der Nutzenden ... diese Aufzählung ließe sich erweitern.

Doch das soll nun anders werden: Auf der *Synode* in Würzburg beschloss die EKD einen „Digitalisierungsschub": Mit der Bereitstellung von finanziellen Mitteln möchte man in der erweiterten Wirklichkeit einer im Zuge der Digitalisierungsdynamik veränderten Gesellschaft stärker erkennbar sein, vieles ausprobieren und eigene Inhalte in die neuen Kommunikationswege einspeisen.

Aber wird damit die *Kirche wirklich neu* erfunden? Worum geht es in der Gemeindearbeit – gerade in Hinblick auf die Jüngeren, also z. B. auf die Konfirmand*innen? Wie kann deren Lebenswelt so berücksichtigt werden, dass kirchliche Inhalte daran anschlussfähig werden und die Möglichkeit von individueller Relevanz eröffnen? Hier bieten sich durch die Berücksichtigung der Dimension der Digitalisierung fraglos ganz *neue Möglichkeiten* für Partizipation, Produktion, Veranschaulichung und inhaltliche Auseinandersetzung in einem persönlichem Austausch. Zentrale Aufgaben der Konfirmandenarbeit (KA) werden also nicht vernachlässigt, sondern neu erschlossen.

Dieser Beitrag möchte anhand verschiedener Beispiele das kreative Potential der digitalen Medien für die KA aufzeigen. Dabei liegt es in der Hand der Nutzenden, dass dabei Inhalte und persönliche Begegnung im Zentrum stehen (bleiben). Also: „Und Action!" – Konfis sind auch hier keine passiven Rezipienten, sondern aktive Produzenten!

AKTIV WERDEN

In der Redaktionssitzung
Die Weihnachtsgeschichte gemeinsam neu nacherzählen? Einen Brief des Paulus gleich im lebendigen Dialog mit den Adressaten verfassen? Gerade aus der Perspektive Jugendlicher können altbekannte Texte eine ungeahnte Aktualisierung erfahren und attraktiv digital aufbereitet werden:
Die Möglichkeiten von Computer und Internet können für interaktive Texte genutzt werden. Bei diesem Konzept werden einzelne Seiten mittels klickbarer Hyperlinks miteinander verknüpft. Das Programm *Twine* ermöglicht es, auf einfache, intuitive Weise sich verzweigende Erzähltexte zu entwerfen und zu schreiben. Twine kann aber noch weit mehr leisten: Es ermöglicht die Einbindung von Bildern, Musik oder Geräuschen u.v.m.

Am Mischpult
Ein Interview mit Mose, ein Radio-Feature zum Thema „Was mir heilig ist", eine Hörfunk-Reihe mit lebendigen und informativen Hintergrundberichten zu biblischen Texten:
Auch mit Audiobeiträge gelingt eine kreative Auseinandersetzung mit Inhalten. Für die Produktion hat sich die kostenlose Software *Audacity* bewährt. Über Mikrofon oder Line-in lassen sich damit Hörspiele, Interviews, Musik und andere Töne auf Festplatte aufnehmen. Dabei können die Aufnahmen mit einer Moderation, Sounds oder Musik unterlegt werden. Alle nicht komprimierten und lizenzfreien Audioformate werden von Audacity im- und exportiert. Aber auch weitere Formate können in Form von externen Bibliotheken installiert werden.

Bücher 2.0
Die Bibel als ganz und gar nicht verstaubt erleben, deren Texte individuell in Szene setzen und die oft befürchtete Sprachbarriere überwinden:
Hier werden Bücher multimedial. Das Gestalten von eBooks ist mit der App *Book Creator* so einfach, dass dies bereits Kinder im Vorschulalter bewältigen können. Texte werden problemlos eingefügt und lassen sich mit den wesentlichen Formatierungsmöglichkeiten bearbeiten. Auch die Seiten selber können farblich gestaltet sowie Bilder und Videos bequem integriert werden. Zudem besteht die Möglichkeit, Musik bzw. Töne zu importieren oder mit der Aufnahmefunktion selber zu erstellen. So werden mühelos Texte vertont und bebildert.

Nachricht?
Sinne einer lebensweltorientierten kirchlichen Jugendarbeit[1]

Auf Schatzsuche

Mit dem Smartphone auf Pilgerreise, (heilige) Orte erkunden, Luthers abenteuerliche Vita spielerisch selber nacherleben:
Die App *Actionbound* bietet die Möglichkeit für eine digitale Schnitzeljagd, ortsgebundene Führung oder auch ein Quiz. Dies kann sowohl als Gruppe oder individuell erfolgen. Es gibt bereits einen riesigen Fundus bestehender Bounds. Besonders attraktiv ist es allerdings, in dem einfach zu bedienenden Bound-Creator online eigene Touren zu erstellen. Dabei sind die inhaltlichen Möglichkeiten faktisch grenzenlos: Fast jedes beliebige Thema kann so aktivierend bearbeitet werden. Der eigene Sozialraum kann in ein Spiel eingebunden werden und erhält dadurch eine ganz neue Bedeutung. Besonders spannend können mit der App nämlich Ortserkundungen gestaltet werden. Aber auch ein Stationenlernen wird durch diese Methode im hohen Maße interaktiv.

Unterwegs in fremden Welten

Den Tempel Salomos nachbauen, biblische Landschaften betreten, die Gleichnisse selbst nachspielen (lassen) und in eigener Sprache in den Alltag Jugendlicher transportieren:
Minetest (bzw. Minecraft) ist ein unter Kindern und Jugendlichen sehr verbreitetes, freies Open-World-Spiel. In zufällig generierten Welten, kann der Spieler verschiedene Rohstoffe abbauen, diese miteinander kombinieren und die Welt nach seinem Belieben gestalten. Nicht von ungefähr wird Minetest vom Spielprinzip als das neue digitale Lego bezeichnet. Der Fokus liegt zunächst auf dem Gestalten von Bauwerken und Landschaften aus „Klötzchen" (Blöcken) mit verschiedenen Texturen in einer 3D-Welt. Der Spieler kann mit Fähigkeiten ausgestattet werden, die ihm ein freies Bewegen in der digitalen Welt ermöglichen, um seine Kreativität auszuleben. Daneben können über Minetest auch Geschichten nacherzählt werden: Die Jugendlichen denken sich Storybook und die Dialoge ihrer Geschichte aus. Die Kulissen für die Szenen werden dann im Spiel gebaut, die Figuren samt Kleidung entworfen, die Szenen gedreht und anschließend die Dialoge selbst eingesprochen.

NACH VORNE BLICKEN

Im Zentrum des o. a. „Würzburger Aufbruchs" steht tatsächlich eine Veränderung von Kirche: Diese setzt vor allem bei der eigenen Haltung an. Dass es sich bei der Dynamik der Digitalisierung im Kern nicht nur um eine technische Weiterentwicklung handelt, wurde in letzter Zeit zunehmend deutlich: Vielmehr stellen wir in allen gesellschaftlichen Teilbereichen des menschlichen Zusammenlebens einen umfassenden *Transformationsprozess* fest. Gleichzeitig bleibt es bei Beziehungsarbeit, die sich zum Ziel setzt, nahe und mit eigenen Inhalten verständlich bei den Menschen zu sein – nicht nur belehrend, sondern dialogisch.

Insofern kann sich eine kirchlich verantwortete *Medienbildung* nicht in der Vermittlung von technischen Fertigkeiten und der Ermutigung zur Experimentierfreude erschöpfen. Obwohl dies wichtige Aspekte der Fortbildung darstellen, geht es letztlich darum, die neuen Möglichkeiten der Teilhabe und die Debatte um eine digitale Ethik auf der Grundlage des christlichen Menschenbildes aktiv durch eigene Beiträge (eigenen Content) zu begleiten. Um diese weltanschaulich fundierten Beitrag leisten zu können, ist es ungemein hilfreich, sich produktiv auf die digitalen Lebenswelten Jugendlicher einzulassen und im Lernen den eigenen Gesprächsbeitrag zu formulieren.

Mit diesem mutigen, neugierigen und keinesfalls naiven Ansatz kann ein „Sinn-voller" Medieneinsatz die Kirche in ihrem zentralen Bemühen unterstützen:
„Menschen haben es nicht unnötig schwer mit uns, unseren Inhalten, unserer Botschaft!"

---

1 Die vollständige Auflistung digitaler Optionen sowie weiterführender Links können Sie hier einsehen: www.rpi-impulse.de (rpi-impulse 1-2019).

2 Der Ausspruch zitierte den Artikel von Hannes Leitlein vom 24.03. 2017 in ZEIT online: „Und wie wir wandern im finstern Digital"

OStR Karsten Müller ist Medienpädagoge und arbeitet als Studienleiter für „Medienbildung / Neue Medien" im Religionspädagogischen Institut der Evangelischen Kirche von Kurhessen-Waldeck und der Evangelischen Kirche in Hessen und Nassau (RPI der EKKW und EKHN).

Kirche to go –
Augenblicke zum Mitnehmen

Ein Gemeindeprojekt an der Johanneskirche Halle (Saale)

Sabine Weigel

Etwas stimmt nicht – die Ausgangssituation

Grundlage des hier vorgestellten gemeindepädagogischen Projektes, das ich als Teil des Zweiten Theologischen Examens in der EKM in der Johannesgemeinde in Halle (Saale) durchführte, war meine persönliche Wahrnehmung der zentralen Lage der Johanneskirche im Stadtviertel und der Bedeutung dieses Ortes für die Menschen, die hier leben. Die Kirche und der kleine Platz davor werden von ihnen als Treffpunkte genutzt. Keine Mauer hindert Menschen daran, sich der Kirche zu nähern. Hundebesitzer lassen auf der städtischen Wiese rundherum ihre Hunde laufen. Die Wiese und die Stufen der Johanneskirche werden als Sitzgelegenheit genutzt. Kinder spielen hier. Die Kirche ist außerhalb der Gottesdienstzeiten in der Regel verschlossen und den Bewohnerinnen und Bewohnern des Johannesviertels kaum zugänglich. Ein Interesse für den Kirchenraum ist jedoch auch bei ihnen durchaus vorhanden und zeigte sich bisher vor allem bei zufällig offen stehenden Kirchentüren.

Offenheit zeigen – Projektidee und -ziele

Mit dem Projekt sollten für einen begrenzten Zeitraum Zeiten der Öffnung der Kirche ermöglicht werden. Dabei war vor Projektbeginn noch völlig offen, ob es sich um einen einmaligen Tag der offenen Tür oder um ein längerfristiges Projekt handeln würde. Das Engagement der beteiligten Gemeindemitglieder für das Projekt war von dem Wunsch getragen, zu zeigen, dass die Johannesgemeinde und ihre Kirche keine verschlossenen Orte sind. Gemeinsam wollten wir Menschen die Möglichkeit bieten, die Johanneskirche und ihr Umfeld zu erleben – als Ort, der etwas zu bieten hat, wo etwas los ist, an den sie kommen können. Neben der Begegnung mit dem Kirchenraum war es uns wichtig, im Stadtviertel eine Begegnungsmöglichkeit zwischen Menschen zu initiieren – mit Menschen aus der Kirchengemeinde, aber auch schlicht zwischen den unterschiedlichen Menschen, die um die Kirche herum leben.

Augenblicke zum Mitnehmen

Menschen im Johannesviertel – Die Zielgruppe

Das Projekt richtete sich genau an diese große und ausgesprochen heterogene Gruppe von Menschen. Es war dabei sowohl an Gemeindemitglieder als auch an Menschen ohne direkten Bezug zur Johannesgemeinde gedacht. Die angesprochenen Leute unterscheiden sich somit nicht nur in Bezug auf Alter, Milieu und Familienstand, sondern bringen auch eine ganz unterschiedliche religiöse Sozialisation und verschiedene Motive zur Teilnahme an dem Projekt mit: ein architektonisches oder geschichtliches Interesse an dem Gebäude, die Suche nach spirituellen Erfahrungen oder nach Stille, den Wunsch nach Gemeinschaft mit anderen bei einer Tasse Kaffee oder beim Spielen mit den Kindern.

Augenblicke zum Mitnehmen – Ein Bericht

Über die üblichen gemeindeinternen Kommunikationsmedien, persönliche Ansprache und Werbung auf dem Nachbarschaftsportal nebenan.de konnte zunächst eine Projektgruppe aus ca. zehn Personen zusammengestellt werden. Sie spiegelte die Heterogenität der Zielgruppe zu großen Teilen wider, war allerdings in Bezug auf die Gemeindemitgliedschaft nahezu homogen. Sowohl bereits sehr engagierte Gemeindemitglieder als auch solche, die neu nach einem ehrenamtlichen Engagement in der Gemeinde suchten, gehörten dazu. Darüber hinaus hat sich auch ein Nachbar aus dem Viertel, der keiner Religionsgemeinschaft angehört, für das Projekt ansprechen lassen.

In einer Planungsphase von Januar bis April, die sieben eineinhalbstündige Treffen umfasste, hat die Projektgruppe das Projekt „Augenblicke zum Mitnehmen – Tage der offenen Tür an der Johanneskirche" entwickelt. An sieben Samstagen im Mai und Juni war die Kirche jeweils von 15-18 Uhr zur Besichtigung und für die persönliche Andacht geöffnet. Mitglieder der Projektgruppe waren in dieser Zeit in und an der Kirche als Ansprechpartner vor Ort. Mit einem Getränke-, Spiel- und Bastelangebot an Tischen vor der Kirche wurde eine niedrigschwellige Möglichkeit zum Ankommen und Verweilen geschaffen. An einzelnen Samstagen lockte darüber hinaus Musik Menschen in die Kirche. Hier konnte mit verschiedenen Materialien die Kirche erkundet werden. Mehrere Gebetsstationen luden zum Innehalten ein. Am Ausgang konnten sich Besucher Segenssprüche und Perlenfische als Schlüsselanhänger mitnehmen. Über die einzelnen Nachmittage verteilt kamen jeweils 20-40 Besucher in die Kirche. Bei Regen, Hitze und in den Pfingstferien fand das Projekt in kleinerem Umfang nur im Kirchengebäude statt.

Offen für alle!? – Reflexionen

Es ist der Projektgruppe gelungen die Johanneskirche Halle (Saale) für einen begrenzten Zeitraum außerhalb der regulären Öffnungszeiten für Besucher zu öffnen. Sie hat dafür ein Format gefunden, das die Kirche für viele verschiedene Menschen aus dem Stadtviertel und darüber hinaus als Ort erlebbar und die Begegnung zwischen Menschen aus Gemeinde und Stadtviertel möglich macht. Zur Umsetzung dieser Projektziele hat insbesondere die Kreativität und das zeitliche Engagement eines großen Teils der Projektgruppe beigetragen. Die Vielfalt des geschaffenen Angebots (innen und außen, Besinnung, Erkundung, etwas für Kinder, Getränke, Gemeinschaft und Individualität) war m.E. der entscheidende Faktor dafür, dass ganz unterschiedliche Menschen Lust bekommen haben, sich an und in der Johanneskirche aufzuhalten. Über die geplanten Projektziele hinaus, ist in der Projektgruppe in großen Teilen eine Gemeinschaft gewachsen, die sich als lebendigen Teil der Johannesgemeinde erlebt. Die Gruppe hat den Kirchenraum in einer Art und Weise gestaltet und damit zu ihrer Kirche gemacht, die ihn auch andere Gemeindemitglieder ganz neu wahrnehmen lässt. In Gemeinde und Gemeindeleitung hat das Projekt das Nachdenken über die Offenheit der Gemeinde für Außenstehende angeregt.

Als schwierig wurde von der Projektgruppe sowohl das Verhältnis von Dauer des Projektes und Anzahl der Beteiligten als auch das Verhältnis von Aufwand und Zahl der Besucher gewertet. Hier kam es zu Belastungen und Enttäuschungen, die durch eine Nachsteuerung im Projektverlauf hätten abgefangen werden können. Für die Auswertung des Projektes erwies sich die Tatsache als schwierig, dass außer einem Gästebuch und persönlichen Gesprächen kaum Instrumente zur Erhebung der Besucherinnen und Besucher und ihrer Reaktionen auf das Angebot vorgesehen waren. Ob tatsächlich die anvisierte sehr heterogene Zielgruppe in ihrer Gesamtheit angesprochen werden konnte, bleibt folglich fraglich. Dass die große Heterogenität der Zielgruppe nicht in der Projektgruppe abgebildet werden konnte, insbesondere was die Beteiligung von kirchenfernen Menschen betrifft, erwies sich in Bezug auf die Werbung für das Projekt und das Angebot vor Ort teilweise als problematisch.

Sabine Weigel ist Vikarin in der Ev. Johannesgemeinde Halle (Saale) und der Ev. Gemeinde Halle-Diemitz.

Kirchehoch2

vorgestellt von Christine Ursel

- Wie sieht die Zukunft der Kirche aus? Was ist deine Verantwortung dabei?

- Warum tust du, was du tust, und warum hast du es nicht einmal anders versucht?

- Was ist deine Mission, deine Sehnsucht, dein Bild von Kirche?

- Was tut Gott bereits an dem Ort, an dem du lebst oder arbeitest?

- Was sind deine Fragen?

Überall nur Fragen! Denn die Bewegung, in der *Kirchehoch2* steht, geht Fragen nach.

Das Fragen nach der Zukunft der Kirche ist bei **Kirchehoch2** *konsequent ökumenisch*. Es orientiert sich an der Ökumene der Sendung: Alles was Christinnen und Christen unterschiedlicher Konfession gemeinsam tun können, auch zusammen anzugehen und die gemeinsame Sendung in der Welt dabei zu entdecken. In diesem Sinne ist Kirchehoch2 ein Versuch, getragen durch die Evangelisch-Lutherische Landeskirche Hannovers und das Römisch-Katholische Bistum Hildesheim, über konfessionelle Grenzen und Lebenswelten hinweg in einen kreativen Austausch zu kommen – und zu bleiben – und Menschen zu vernetzen, die die Zukunft und Mission der Kirche im Blick haben.

Dabei sind *Fragen, Verwunderung und Suche* schon heute Ansatzpunkte für Wandel und Veränderung. In dieser fragenden Haltung unterwegs zu sein ermöglicht, Räume und Zeiten für Hoffnung und Zweifel zu schaffen, in denen das Neue bereits sichtbar, hörbar und spürbar werden kann. Mit einer Leidenschaft für das Kommende und im Bewusstsein für das Ererbte wollen sie schon jetzt Teil der Kirche der Zukunft sein.

Wer ist Kirchehoch2?
Das sind zum einen Sandra Bils und Maria Herrmann, die beiden Referentinnen hinter Kirchehoch2. Beide sind in ihrem Dienst jeweils in eine der beiden Trägerorganisationen eingegliedert. Oft findet man sie im Kirchehoch2-Ladenlokal in Hannover/Linden, wenn sie nicht in Landeskirche und Bistum unterwegs sind und neue Formen von Kirche und die Menschen (be-)suchen, die diese gestalten. Außerdem arbeitet im Büro von Kirchehoch2 Friederike Goedicke mit den Schwerpunkten Veranstaltungsmanagement und Kommunikation.

Zum Team gehören (mindestens) neun weitere Personen. Sie sind im Bistum Hildesheim, der Landeskirche Hanno-

ver sowie bei ökumenischen Partnern hauptamtlich tätig. Zum anderen steht hinter Kirchehoch2 ein großes Netzwerk aus ehemaligen Kurs-, Kongress- und Workshopteilnehmenden und Mitgreisten und jenen, die als Freiwillige, Praktikanten, FSJler oder Sondervikare mitgearbeitet haben und schließlich auch all jene, die sich mit der Arbeit sowie den Haltungen und Werten von Kirchehoch2 identifizieren und sich zugehörig fühlen.

Kirchehoch2 zeigt sich in vielen Erfahrungen sowie großen und kleinen Geschichten und schlägt sich nieder in ökumenischen Lernräumen, unterschiedlichsten Veranstaltungsformaten sowie Veröffentlichungen und Materialien.

Seit dem Kongress 2013 wurde Kirchehoch2 mit dem *Kleckslogo* identifiziert: dynamisch, fluide, ohne Anfang und Ende und so divers, dass in jedem Klecks unzählige weitere stecken. In den darauffolgenden Jahren wurde Kirchehoch2 zur Impulsgeberin für neue Wege der Kirchenentwicklung. Im Jahr 2018 wurde es Zeit für ein neues Logo. Aus dem Klecks wurde die *Quadratur des Kreises* – die Metapher für eine unlösbare Aufgabe.

Kirchehoch2 geht es nicht in erster Linie um Lösungen, sondern darum fragend zu bleiben. Auf der Suche zu sein. Annäherungen zu finden. Leidenschaftlich im Austausch zu bleiben. Unterschiedlichste Formen einzubeziehen. Zu verzweifeln und voller Hoffnung zu sein. Zu experimentieren, zu forschen und zu meditieren – auf eine höhere Eingebung zu hoffen.

Was tut Kirchehoch2?
Kirchehoch2 schafft ökumenische Lernräume, in Form von Angeboten im Bereich Aus-, Fort- und Weiterbildung (hier ausführlichere Infos: https://kirchehoch2.de/wir/kann-man-das-lernen).

Kirchehoch2 entwickelt unterschiedlichste Veranstaltungsformate, in Form von Workshops, lokalen oder regionalen Vernetzungstreffen, Fachtagen und Innovationskonferenzen. Kirchehoch2 bemüht sich im Bereich Vernetzung, Beratung, Prozessentwicklung sowie Wissens- und Erfahrungstransfer.

https://kirchehoch2.de

Christine Ursel ist Fortbildungsreferentin beim Diakonischen Werk Bayern – Diakonie.Kolleg und Mitglied der Redaktion der PGP.

Das Thema Netzwerk und Kirche hat Konjunktur. Sicher ist dies auch durch die Veröffentlichung der fünften Kirchenmitgliedschaftsuntersuchung der EKD (V. KMU) bedingt. Das weite Feld der Netzwerkforschung erweist sich als sehr disparat, kann aber für Theologie und Kirche wie ein Katalysator wirken. Der Auftrag der Kirche, die Kommunikation des Evangeliums, findet v. a. im Nahbereich statt, ohne auf diesen begrenzt zu sein, baut auf Beziehungen, Nähe, Austausch und Zugänglichkeit. Viele Ergebnisse der Netzwerkforschung helfen Gemeinden, Gesamtkirche und Theologie, die enormen gesellschaftlichen Umbrüche zu verstehen und die eigene Praxis zu hinterfragen. Neue Formen der Kommunikation und beziehungsfähige Haltungen können helfen, das Evangelium mit Neugierigen, Konfessionslosen, Distanzierten und Indifferenten zu teilen.

Gotthold Ephraim Lessings Skizze von 1777/1780 bot seinen Zeitgenossen eine Bestimmung ihres Standorts in der Neuzeit an und begründete das im Rahmen einer Kultur- und Religionsgeschichte der ganzen Menschheit. Das war philosophisch und theologisch riskant, weil es den revolutionären Wechsel eines basalen Paradigmas bedeutete: Die zeitlich geschlossene Heilsgeschichte wird zu einer offenen Entwicklungsgeschichte, geprägt durch humanen Fortschritt und göttliche Pädagogik zugleich. Der Kommentar erklärt die Logik und das Pathos des Textes und stellt ihn in den Kontext der Debatten über Aufklärung, Bildung und Christentum. Insbesondere kontrastiert er mit Lessing das traditionelle Modell und das Modell I. Kants und seiner idealistischen bzw. materialistischen Nachfolger. Schließlich werden Aktualität und Ambivalenz des chiliastischen Paradigmas Lessings diskutiert.

Im Auftrag des Zentrums für Mission in der Region hrsg. von Hans-Hermann Pompe und Daniel Hörsch
Kirche aus der Netzwerkperspektive
Metapher – Methode – Vergemeinschaftungsform
Kirche im Aufbruch, Band 25

144 Seiten | 12 x 19 cm
Paperback
ISBN 978-3-374-05773-3   15,00 EUR [D]

Gotthold Ephraim Lessing
Die Erziehung des Menschengeschlechts
Große Texte der Christenheit (GTCh), Band 5

144 Seiten | 12 x 19 cm
Paperback
ISBN 978-3-374-05669-9   12,00 EUR [D]

EVANGELISCHE VERLAGSANSTALT
Leipzig   www.eva-leipzig.de   facebook.com/eva.leipzig

Bestelltelefon 03 41 / 7 11 41 16 | Fax 03 41 / 7 11 41 50 | shop@eva-leipzig.de

Happy birthday GPA

40 Jahre Gemeindepädagogenausbildung in der EKBO
Bestandsaufnahme und Ausblicke

Kaspar Plenert

Ordinierter Dienst oder nicht?

Die meisten Gemeindepädagogen oder Gemeindepädagoginnen im nicht-ordinierten Dienst arbeiten in einem Sektor der pädagogischen Begleitung – häufig in der Arbeit mit Kindern und Jugendlichen. Verstärkt unterstützen sie die Pfarrerinnen und Pfarrer bei der Arbeit mit Konfirmanden. Auch in der Arbeit mit Senioren und Seniorinnen werden Gemeindepädagoginnen und Gemeindepädagogen eingesetzt. Master- oder Diplom-Gemeindepädagogen besetzen auch – gemeinsam und in guter Ergänzung mit Diakoninnen und Diakonen - kreiskirchliche Jugendarbeitsstellen und können hier vorrangig projektbezogen gestalten. In den letzten Jahren waren auch einige Gemeindepädagogen im Büro des Kirchentags bei der Durchführung und Planung beschäftigt. Für das gemeindepädagogische Handeln im Gebiet der EKD gibt es für Gemeindepädagogen keine anderen Voraussetzungen als ein Studium.

Um als Gemeindepädagoge ordiniert zu werden, gibt es hingegen aktuell leider nur zwei offizielle Landeskirchen, die diesen Weg der Gemeindepädagogik der DDR auch heute noch gehen. Sowohl in der Evangelische Kirche in Mitteldeutschland (EKM) als auch in der Evangelische Kirche Berlin-Brandenburg-schlesische Oberlausitz (EKBO) können sich Gemeindepädagogen nach erfolgreichem Vikariat – das zusammen mit den Theologinnen und Theologen absolviert wird – ordinieren lassen.

Bildungsexperten

Gemeindepädagogen sind und waren immer schon Bildungsexperten in Kirche und Gemeinde. Mit frohem und offenem Herzen gehen sie auf Menschen zu, um mit ihnen über alle Dimensionen ihres Lebens in den Austausch zu kommen. Sie, die Menschen, sind es, denen ihre ganze Aufmerksamkeit gilt. Gemeindepädagogische Arbeit will jedes einzelne Individuum dabei unterstützen, selbstbestimmtes Subjekt zu sein. Und in diesem Prozess fragt der Gemeindepädagoge auch immer wieder nach möglichen Zugangssperren. Dabei geht es aber nicht ausschließlich um den barrierefreien Zugang, so etwa in das Kirchengebäude, sondern viel mehr um kirchliche Strukturen, die Menschen daran hindern, die Angebote anzunehmen oder selbst welche anzustoßen.

Neue Wege

Die Parochie und explizit das Kirchengebäude und das Gemeindehaus sind nicht die einzigen Lernorte. Mit dieser Einstellung fällt es besonders leicht, alte Mauern einreißen zu wollen und Kirche anders zu denken sowie Menschen dort aufzusuchen, wo sie sich aufhalten. So verändert sich Kirche von einer *Kommstruktur* zu einer *Gehstruktur*. Gerade an diesem Punkt sind Gemeindepädagogen für unsere Kirche von immenser Bedeutung, da ein gemeinwesenorientierter Blick für sie stets notwendig und wichtig ist, um einen Menschen in ➔

seinem ganzen Lebensumfeld zu verstehen und ihn zu begleiten.

Wo immer sich der Gemeindepädagoge mit der Struktur der eigenen Gemeinde beschäftigt, da werden wichtige ecclesiologische Fragen gestellt. So frage ich mich immer: Entspricht die gegenwärtige Form von Kirche dem Auftrag Gottes und erreichen wir die Menschen? Kann so das Evangelium kommuniziert werden?

Das Erbe von Werner Krusche

Kirche ist eine kleiner werdende Gemeinde. Diese große Herausforderung löst hoffentlich endlich das Versprechen der Reformation nach der vollständigen Umsetzung des Priestertums aller Getauften ein. Die Gewinnung, die Begleitung und die Unterstützung von Ehrenamtlichen wird in den nächsten Jahren verstärkt Aufgabe von Gemeindepädagogen und allen anderen kirchlichen Mitarbeitenden werden. Ehrenamtliche vereinen alle gemeindepädagogischen Ziele. Sie sind Subjekte ihres eigenen Handelns und ihnen selbst obliegt es, Kirche genau so zu gestalten, wie sie es wollen. Als Gemeindepädagoge kann man nur mäeutisch helfen, diese Ideen auf die Welt zu bringen. In der Zukunft wird man also nicht mehr so viel selbst erdenken und durchführen, sondern vielmehr als Ermöglicher fungieren.

Wie schon vor 40 Jahren in der DDR gibt es jetzt und wird es in Zukunft in den Kirchen der EKD einen Mangel an Pfarrern und Pfarrerinnen geben. Dementsprechend werden andere Berufe die Möglichkeit haben, an der *Kommunikation des Evangeliums* teilzuhaben. Unserer Berufsgruppe stehen also alle Wege in der Kirche offen. Wir müssen unsere Chancen nur nutzen und kön-

nen gemeinsam mit unseren Nächsten die Kirche schöner und besser machen.

Und heute?

Nach vielen Jahren wurde das Berufsbild der *Gemeindepädagogik im ordinierten Dienst* in der EKBO überarbeitet und neu beschlossen.[1] Hierbei wurde abermals festgestellt, dass für den Auftrag der Kirche viele Talente benötigt werden. Und so ist es eben möglich, auch den *besonderen Weg* in den Pfarrdienst einzuschlagen. Die erhofften Synergieeffekte dieser *Gemeinschaft der Dienste* der Theologie und der Gemeindepädagogik kann man immer wieder in der täglichen Arbeit erleben. Auch unter den Kollegen geht es in aller Regel nicht mehr darum, dass Gemeindepädagogik der leichtere Weg ins Pfarramt ist, sondern eben ein anderer, den die Kirche aber ebenso braucht. Es schmerzt immer wieder, dass die anderen beiden Berufe – Diakon und Kirchenmusiker – nicht Teil dieser Gemeinschaft sind und keinen Anteil am ordinierten Amt haben. Ich wünsche mir, dass, wenn die Gemeinde jetzt wieder kleiner wird, versucht wird, so mutig zu denken und Kirche umzugestalten, wie es seinerzeit in den 70er Jahren in der DDR gemacht wurde.

Am Ende bleibt die Gemeindepädagogik aber das, was sie schon immer war: Der Zusammenhang von *glauben – leben – lernen*! Auf in die nächsten 40 Jahre!

So seid also eingeladen, mit uns gemeinsam am 1. November 2019 zu feiern – oder an uns zu denken. Mit 40 Jahren ist die Gemeindepädagogik nun wirklich erwachsen geworden.

Anmerkung

1   <https://www.ekbo.de/fileadmin/ekbo/mandant/ekbo.de/5._SER VICE/07._Publikationen/170530_EKBO_Gemeindepaedagogik_ Folder_web_gedreht.pdf>.

Kaspar Plenert ist Gemeindepädagoge im ordinierten Dienst in Berlin Wedding und ehemaliger Vorsitzender des Berufsverbandes der Gemeindepädagoginnen und Gemeindepädagogen e.V.

Was gründet mich? Woraus schöpfe ich?

Spiritualität im beruflichen Kontext
kirchlicher Mitarbeiterinnen und Mitarbeiter

Stefan Wohlfarth

Annäherungen an ein sensibles Thema

Spiritualität wird sehr individuell gelebt, erfahren und beschrieben. Auch und gerade Menschen, die mit mir im Dienst der Gemeinde unterwegs sind, tun sich schwer, ihre eigene Spiritualität zu thematisieren. Von Ausnahmen abgesehen, kenne ich wenige, die gern darüber reden, ob sie am Morgen lieber eine Stunde länger schlafen oder die Zeit, bevor das Tagwerk beginnt, mit einer geistlichen Übung verbringen, in der Bibel lesen und beten. Und doch erlebe ich gleichzeitig ein wachsendes Bewusstsein dafür, dass Spiritualität eine Ressource ist, die hilft als Mitarbeiterin und Mitarbeiter standzuhalten und froh zu bleiben bei den verschiedensten beruflichen Aufgaben und Ansprüchen. Ich spüre heute eine größere Offenheit, die Wege frei macht, dem Thema der *praxis pietatis*, wie man die Gestaltwerdung des Glaubens als *Übung der Gottseligkeit* in früheren Zeiten so schön nannte, zu begegnen. In der Begleitung von Konventen spüre ich bei aller Offenheit eine gewisse Empfindlichkeit bei Aussagen über die Gestalt einer persönlichen Spiritualität. Jeder bringt ganz eigene Erfahrungen und auch Verletzungen mit. Doch bei aller Individualität in der Gestaltwerdung ist Spiritualität zugleich auch gesellig. Sie lebt von der Erfahrung der anderen. Sie wird geformt auf gemeinsamen Lernwegen. Was sie nährt, suche ich gern bei denen, die bereits vor mir Wege gegangen sind.

Als Pfarrer bin ich nun fast 23 Jahre unterwegs. In drei Pfarrstellen, sowohl auf dem Land als auch in der Stadt, habe ich Erfahrungen mit ganz unterschiedlich geprägten Gemeinden und Mitarbeiterkonventen gemacht. Seit eineinhalb Jahren arbeite ich als Pfarrer im Haus der Stille, im Evangelischen Zentrum, Kloster Drübeck. Was hat sich auf meinem eigenen spirituellen Erfahrungsweg gezeigt? Wer einen spirituellen Erfahrungsweg geht, spürt, wie angefochten dieser Weg ist. Was dir heute geschenkt ist, kann dir schon morgen wieder abhanden kommen. Was dir gerade großartig erscheint, schmeckt im nächsten Moment schal. Die Gewissheiten, die dich tragen, können zerbrechen. Auf dem Weg mit Christus bleibst du verletzlich. Du bist zugleich sinkender und gehaltener Petrus (Mt 14,31). Vielleicht ist es gerade diese Verletzlichkeit, die ich auch als Berührbarkeit bezeichnen möchte, die den Weg mit Christus formt.

Bei meinem Dienst im Haus der Stille gründet sich meine Kompetenz und die Annahme meiner Person als Begleiter darin, dass ich einer bin, der die Wege, in die er einführt, auch selbst gegangen ist, dass ich spirituelle Erfahrung aus eigenem Erleben und eigener Praxis weitergebe. Wenn ich nicht selbst regelmäßig meditiere, Stille übe, an Exerzitien teilnehme, kann ich keine Gruppe in spirituelle Wege einführen. Im Gemeindepfarramt war das noch etwas anders. Da gab es zwar auch Menschen in der Gemeinde, die auf Grund meines geistlichen Profils hinter mir standen. Die übergroße Mehrheit schaute jedoch mehr auf meine Fähigkeiten zu kommunizieren, Menschen zu sehen und ihnen offen zu begegnen. Für den inneren Kreis war es zudem wichtig, dass ich Leitungskompetenz einbrachte, einen Kirchenbau begleiten konnte und gut organisiert war. Pfarrer und Mitarbeiter werden in der Regel nicht daran gemessen, inwieweit sie eine irgendwie gestaltete Spiritualität leben, auch wenn deren Gestalt in die Gemeindearbeit hineinwirkt. Der Punkt ist wohl eher der, dass sie selbst eine Sehnsucht spüren und erfahren, wie ein gestaltetes geistliches Leben ihr Leben stabilisieren, inspirieren und ausrichten kann.

Gestaltete Spiritualität als Übung und Ressource

Spirituelle Lernwege und eine sich daraus entwickelnde Alltagsspiritualität mit gestalteten Zeiten sind für viele Menschen eine Antwort auf die Sehnsucht, Gott im Leben zu erfahren. Die *stille Kammer* (Mt 6,6), die der Gottesbegegnung dient, wird von vielen Menschen als ein Rückzugsort erfahren, an dem an meinem Vertrauen gebaut wird. Dort kann eine Wahrnehmung wachsen, die die Augen erleuchtet (Eph 1,18). Dort kann ich Einheit spüren in aller Zersplitterung. Ich kann Autonomie gewinnen gegenüber den Zwängen des Alltags und Distanz zu meinen Mustern.

Im bunten esoterischen Spektrum erscheint gestaltete Spiritualität auch als eine Form von Lifestyle und der Selbstoptimierung. Wie beim Sport und den unzähligen Gesundheitsstrategien kann etwas eingeübt werden. Das wirkt plausibel, machbar und erfolgversprechend. Das entspricht durchaus dem Zeitgeist mit seinen unzähligen Angeboten und Ratgebern, die mich auf den Weg zum glücklichen Leben führen wollen. Solche Lernwege erscheinen vor dem Hintergrund unserer kirchlichen Tradition zwiespältig. Der Glaube ist nach gut lutherischem Verständnis ein Geschenk, aber nichts, das man sich verfügbar machen oder einüben kann. Ich kann jedoch eine Haltung einüben, bei der ich mich für das Geschenk öffne, nicht achtlos daran vorübergehe, es wahrnehme, wertschätze und pflege. Wenn Glaube für mich ein Beziehungsgeschehen ist, dann kann ich mich darin üben, Blickkontakt zu halten und mich für Berührungen zu öffnen. Ich kann ab und an aus dem sicheren Boot steigen, um zu ergründen, was trägt, wenn ich mein vertrautes Vehikel hinter mir lasse.

Carlo Carretto, von den Kleinen Brüdern Jesu, der sich zehn Jahre in die algerische Wüste zurückzog, schreibt: „Der Glaube ist Gottes Geschenk, das aber unsere Anstrengung braucht. Gott gibt uns Boot und Ruder, aber dann sagt er: ‚Das Rudern liegt bei dir.‘ Glauben lernt man durch Glauben. Übung entwickelt diese Fähigkeit, wie Training die Muskeln entwickelt“.[1] Und bei Martin Luther findet sich die Aussage: „Das Leben ist nicht ein Frommsein, sondern ein Frommwerden, nicht ein Sein, sondern ein Werden, nicht eine Ruhe, sondern eine Übung.“[2] Für mich selbst kann ich sagen, dass ich meinen Glauben mehr und mehr als eine Haltungsübung verstehe. Immer wieder versuche ich mich aufzurichten aus den Verkrümmtheiten meines Daseins. Ich übe mich darin, aufzublicken aus meinen Verstrickungen, den Blickkontakt zu halten, wie Petrus, um nicht unterzugehen. Immer wieder das Licht zu suchen, den *hellen Schein* im Herzen, der uns durch Christus gegeben ist, der uns wahrnehmen lässt, dass die Welt und unser Leben trotz aller Dunkelheit erleuchtet ist von der Herrlichkeit Gottes (2Ko 4,6).

Als angefragter Zeuge leben

Als kirchliche Mitarbeiter finden wir uns in Zeiten wieder, die uns direkter und ungeschützter in unserem Tun und Sein anfragen. Das weckt auch in uns selbst Fragen, nach unserem Grund und Stand im Leben. Eine gestaltete Spiritualität öffnet Räume der Vergewisserung und des Vertrauens. Zugleich wachsen in diesen Räumen der Gottesbegegnung neue Fragen. In der Nähe Gottes erfahre ich nicht nur meine Würde als Gotteskind, sondern auch meine Fragwürdigkeit. Das macht mich nahbarer, hörbereiter und gesprächsfähiger. Ich höre in den Fragen der anderen nicht immer schon gleich meine Antworten und Gewissheiten, sondern höre sie als Frage an mich. Das fordert mich heraus, mich meinen eigenen Fragwürdigkeiten zu stellen und Auskunft zu geben über das, was mich beseelt, trägt und zweifeln lässt. So kann ich Zeuge sein, nicht meiner eigenen Gewissheiten, sondern meines Weges als Suchender, der Vertrauen immer wieder neu in Gott findet, als einer, der den Blickkontakt zu Christus sucht, um nicht im Blick auf die Wellen zu versinken, als einer, der sich den Bewegungen des Geistes anvertraut, um nicht in Selbstbezogenheit und Angst zu erstarren. So höre ich auch die Fragen an mich, die Oriah Mountain Dreamer stellt:

Es interessiert mich nicht, womit du dein Brot verdienst.
Ich möchte wissen, wonach du innerlich rufst und ob du
*   zu träumen wagst,*
der Sehnsucht deines Herzens zu begegnen …
Es interessiert mich nicht, wo oder was oder mit wem du
*   gelernt hast.*
*   Ich will wissen, was Dich von innen heraus aufrecht er-*
*   hält, wenn alles andere abfällt …*[3]

Stefan Wohlfarth ist Pfarrer am Haus der Stille im Evangelischen Zentrum Kloster Drübeck.

Anmerkungen

1 Carlo Carretto: Denn du bist mein Weg. Meditationen für jeden Tag, Freiburg i. Br. 1991, S. 357.

2 WA 7, S. 336.

3 Oriah Mountain Dreamer: Die Einladung, München 2000.

Berufsbiografische Entwicklung –

ein Modell für Mitarbeitende und Personalverantwortliche

Christine Ursel

Wie lange sind Sie schon dabei?
Wie schaut Ihre berufliche Situation aktuell aus?
Was bräuchten Sie für einen nächsten guten Entwicklungsschritt (nach innen
und / oder nach außen)?
Was wünschen Sie sich von Ihrer Dienstgeberin Kirche / Diakonie dabei?

Die Berufsbiografie von Mitarbeitenden in den Blick nehmen, das steht Kirche und Diakonie gut zu Gesicht. Damit wird die Person wahr- und ernst genommen und nicht nur die Funktion, die jemand ausübt. Solch ein Blick ist die Basis für eine **Personalentwicklung**, die Entwicklungswege aufzeigt und dazu beiträgt, das Gaben und Erfahrungen von Mitarbeitenden zur Geltung kommen.

Der **Blick auf Berufsbiografie** bedeutet auch, immer die begleitende persönliche und familiäre Situation mit zu sehen. Freudige und krisenhafte Momente im Privaten haben Auswirkungen auf die berufliche Seite und umgekehrt.

Die Diakonie in Bayern hat im Zusammenspiel verschiedener diakonischer Fortbildungseinrichtungen ein **gemeinsames Konzept** entwickelt, das zu diesem berufsbiografischen Blick als Merkmal einer Personalentwicklung im Raum von Kirche und Diakonie einlädt. Darin werden zum einen verschiedene **Phasen** in der Berufsbiografie beschrieben. Zum anderen werden Instrumente der Personalentwicklung nach **Ebenen** beschrieben, die die Differenzierung nach „Verhältnisse", „Verhalten", „Haltung" und „Halt" aufgreift, die der Jesuitenpater Willy Lambert SJ beschreibt. Besonders die Ebene des „Halts" könnte ein Spezifikum kirchlicher Personalentwicklung sein.

In einer Matrix ergibt sich dadurch ein Schaubild, das Anregungen geben kann, was für Mitarbeitende in den einzelnen Phasen der Einführung, des Wachstum, der Reifung, des Übergangs wichtig sein kann. Dieses **Schaubild** (entwickelt von Andrea Reiter-Jäschke, Renate Backhaus, Karl-Hermann Petersen und Christine Ursel) kann für die Organisation eine Reflexionsfolie bieten in der Betrachtung bestehender Instrumente der Personalentwicklung und deren Weiterentwicklung. Für die Mitarbeitenden könnte das Schaubild einen Überblick geben über Unterstützungsmöglichkeiten in den jeweiligen beruflichen Phasen. Für Fortbildungsanbietende liegt dadurch eine sinnvolle und z.T. abgestimmte Angebotsplanung nahe, da nicht jeder alles machen muss. Für spezielle Themen und Situationen können gerade Kooperationen hilfreich sein.

Zwei Beispiele:
■ **Phase der Einführung:**
Zu Beginn der Berufsbiografie in einer Einrichtung, einer Gemeinde, einem Werk oder Dienst gibt es in Bayern für alle neuen Mitarbeitenden in Kirche und Diakonie seit 1. Juli 2017 verpflichtende **Willkommenstage**. Diese können auch gemeinsam von Kirche und Diakonie vor Ort unter Einbeziehung der Evangelischen Erwachsenenbildung durchgeführt werden.

■ **Phase des Übergangs:**
Gegen **Ende der Berufsbiografie (ab 50+)** kommt der Ruhestand in den Blick. Dafür wird es z.B. eine Kooperationsveranstaltung von vier Fortbildungsanbietern in Bayern geben: „Auf der Zielgeraden? Orientierung für's berufliche Finale" – vom 22. bis 25. Mai 2019 auf Schloss Hirschberg bei Beilngries im Altmühltal. Im Team wurde mit den je spezifischen Ressourcen ein Angebot gemeinsam entwickelt, das für eine Fortbildungseinrichtung allein nicht zu stemmen wäre und evtl. auch nicht genügend Teilnehmende hätte.

Organisationskultur ist auch Gesprächskultur:
PE-Gespräche zur Berufswegplanung und Laufbahnentwicklung

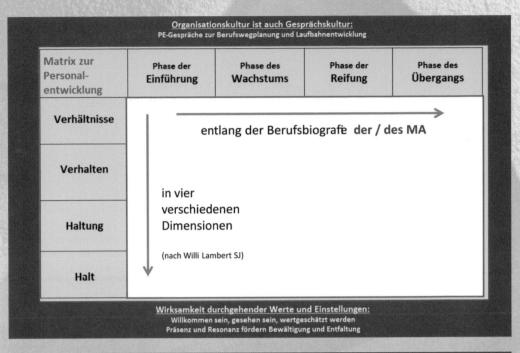

Matrix zur Personalentwicklung	Phase der Einführung	Phase des Wachstums	Phase der Reifung	Phase des Übergangs
Verhältnisse	entlang der Berufsbiografie der / des MA			
Verhalten				
Haltung	in vier verschiedenen Dimensionen			
Halt	(nach Willi Lambert SJ)			

Wirksamkeit durchgehender Werte und Einstellungen:
Willkommen sein, gesehen sein, wertgeschätzt werden
Präsenz und Resonanz fördern Bewältigung und Entfaltung

Organisationskultur ist auch Gesprächskultur:
PE-Gespräche zur Berufswegplanung und Laufbahnentwicklung

Matrix zur Personalentwicklung	Phase der Einführung	Phase des Wachstums	Phase der Reifung	Phase des Übergangs
Verhältnisse	Einarbeitungskonzept	Fort-/Weiterbildung Lernende Organisation	Entwicklungsförderliche Arbeitsbedingungen	Wissensmanagement-konzept Stellenwechsel Ruhestand
Verhalten	Integrationsmaßnahmen	Potenziale erkennen und Entwicklung fördern: organisationsintern & organisationsübergreifend	Delegation Einsatzplanung Größere Reichweite geben Erfahrungswissen nutzen	Übergangsphase als aktiven Prozess gestalten Trauerarbeit
Haltung	Neugier Präsenz Interesse Ansprechbarkeit	Zutrauen Vertrauen Fehlerkultur Loyalität	Flexibel bleiben Wissen teilen Motivation nähren Motor bleiben Sicherheit vermitteln	Annehmen von Begrenzungen
Halt	Rituelle Gestaltung Zugehörigkeit anbieten	Coaching Beratung Fallbesprechung Supervision	Potenzialanalyse (organisational) Kompetenzenbilanz (persönlich)	Rituelle Gestaltung Biografiearbeit Verabschiedungskultur

Wirksamkeit durchgehender Werte und Einstellungen:
Willkommen sein, gesehen sein, wertgeschätzt werden
Präsenz und Resonanz fördern Bewältigung und Entfaltung

Der **berufsbiografische Blick auf Personal- und Organisationsentwicklung** bietet für die einzelnen Mitarbeitenden ein Wahrnehmen und eine Unterstützung der eigenen Entwicklung. Für die Personalverantwortlichen wird damit die Bedeutung gerade auch von der Phase des Wachstums und der Reifung deutlich. Gerade Mitarbeitende, die schon länger dabei sind und gut und gerne ihren Dienst tun, verdienen Aufmerksamkeit. Dieses Modell kann dazu einladen, miteinander ins Gespräch zu kommen und die Mitarbeitenden in ihrer Person und nicht nur in ihrer Funktion zu würdigen.

Christine Ursel ist Fortbildungsreferentin beim Diakonischen Werk Bayern – Diakonie.Kolleg und Mitglied der Redaktion der PGP.

Abbruch oder Umbruch

Personalentwicklungskonzepte als ermutigende Perspektive hauptberuflicher gemeindepädagogischer Arbeit

Michael Herrmann

An vielen Stellen ist der Fachkräftemangel spürbar. Auch scheinbar attraktive gemeindepädagogische Stellen bleiben mitunter lange Zeit vakant – und das nicht nur im abgelegenen ländlichen Raum.

Wie steht es um die Attraktivität einer Tätigkeit im gemeindepädagogischen Arbeitsbereich?
Was reizt Absolventen an dieser beruflichen Tätigkeit?
Welches motivierende Berufsbild steckt hinter dem Engagement?
Welche Erfahrungen machen Lust auf diesen BeRUF?
Wie lässt sich der hohe zeitliche und persönliche Einsatz mit der eigenen Familie vereinbaren?

Das sind einige der Fragen, die sich aufdrängen, wenn wir uns die aktuelle Lage der Gemeindepädagogik anschauen. Letztlich heißt die übergreifende Frage: Wie sieht Gemeindepädagogik der Zukunft aus?

Strukturen künftiger Arbeit

Es gibt verschiedenste Modelle für Anstellungen: in einzelnen Kirchgemeinden, in Regionen (verschiedene Formen der Rechtsträgerschaft), im Kirchenbezirk (-kreis) oder gar bei der Landeskirche. Die Möglichkeiten für ein gut geführtes Personalmanagement verbunden mit Maßnahmen der Personalentwicklung nehmen mit der Größe des Anstellungsträgers zu.

Je nach den konkreten örtlichen Gegebenheiten bestehen Möglichkeiten für

- gabenorientierten Einsatz der Mitarbeitenden;
- Vertretungsregelungen;
- Anstellungsumfänge, die der Lebenssituation der Mitarbeitenden entsprechen;
- passgenaue Fort- und Weiterbildungsangebote;
- betriebliches Gesundheitsmanagement;
- Studien- oder Sabbatzeiten.

Dies in ein transparentes Konzept zu fassen trägt bei zur

Attraktivität hauptberuflicher Arbeit

In verschiedenen Studien wird nach der Motivation Mitarbeitender gefragt. Interessant dabei ist, dass die Ergebnisse branchenunabhängig sehr dicht beieinander liegen. Viele dieser Aussagen sollten uns im Bereich der Gemeindepädagogik

erfreuen. Denn wir können in unserem Arbeitsfeld viele dieser Faktoren als gegeben erleben oder aber selbst dazu beitragen.

- Sinnvolle Aufgaben und Arbeiten
- Gestaltungsfreiraum mit Entscheidungskompetenz
- Kultur des Miteinanders (Arbeitsatmosphäre)
- Weiterbildung
- Flexible Arbeitszeit
- Angemessene Bezahlung (kommt meist erst an 9. oder 10. Stelle)

Diese Aspekte machen deutlich, wie wesentlich die Personalführung für die Attraktivität der beruflichen Tätigkeit und letztlich für das Engagement Mitarbeitender ist. Gleichzeitig sei hier aber auch auf die Eigenverantwortung Mitarbeitender verwiesen. Um das richtige Maß zwischen Überforderung und Unterforderung zu finden, bedarf es gegenseitiger Achtsamkeit. Damit die Arbeit Spaß macht, Mitarbeitende in den „Flow" – den idealen Arbeitsmodus – kommen, müssen die Aufgaben und Ziele konkret benennbar und damit überschaubar und gestaltbar sein. Arbeit, die fordert (herausfordert), ohne zu überfordern, fördert die Entwicklung bis an die Grenzen und darüber hinaus und führt letztlich zur Zufriedenheit.

Berufliche Perspektiven

Die Fragen: Wie bewältige und entwickle ich meinen Aufgabenbereich? Was unterstützt und befördert die Arbeit?, gilt es zu klären.

- Dazu gehört, dass Gemeindepädagogen in einem Team arbeiten können. Dies kann und sollte auch berufsgruppenübergreifend geschehen – (Pfarrer, Kirchenmusiker, Sozialpädagogen …).
- Es bedarf klarer Stellenprofile bzw. Aufgaben, um die z.T. nebulösen Erwartungen klären zu können.
- Wie ist der Bezug der Stelle? – region- oder/arbeitsfeldbezogen
- Wenn Schwerpunkte gesetzt sind, dann können auch Ziele der Arbeit benannt werden. Und die weisen einen Weg und öffnen ggf. auch neue Perspektiven.

Gleichzeitig stellen sich dann die Fragen nach den Perspektiven und Entwicklungsmöglichkeiten für die Mitarbeitenden selbst. Welche Optionen und Einsatzmöglichkeiten gibt es mit den vorhandenen Ausbildungsabschlüssen? Hier stehen die Anstellungsträger in der Verantwortung – letztlich wird hier deutlich, dass es eines abgestimmten Konzeptes der Personalentwicklung bedarf.

> Ein Dilemma; Der Mensch will immer, dass alles anders wird, und gleichzeitig will er, dass alles beim Alten bleibt.
>
> *Paulo Coelho*

Ein erster Schritt sind hier für die Entwicklung förderliche Fort- und Weiterbildungen.

Gestärkte Hauptberuflichkeit

wird nach den vorangehenden Ausführungen u. a. erreicht durch

- einen auskömmlichen Stellenumfang;
  Vollzeitstellen sind unabdingbar, um die gemeindepädagogische Profession als Hauptbeschäftigung zu ermöglichen. Dennoch ist ggf. auch eine Flexibilität erforderlich, die es Mitarbeitenden mit besonderen Herausforderungen im familiären Kontext ermöglicht, eine ausgewogene Balance zu erzielen (Erziehung von Kindern, Pflege von Eltern …).
- eine gute Begleitung z. B. durch Mentoring, Coaching oder Supervision.
- Nach besonders zeitintensiven Arbeitsphasen ist Erholung nicht nur Arbeitsrecht, sondern zielt auf den Erhalt von Gesundheit und Motivation.
- Für einen Ausgleich in der Freizeit sind Hobbies und Freundschaften hilfreich.
- Ein Ehrenamt außerhalb des kirchlichen Kontextes ist kein Makel, sondern Teilhabe am Leben und Wahrnehmbarkeit von Christen in der Gesellschaft.

Aufgaben gemeindepädagogischer Tätigkeit

Das Berufsbild der Gemeindepädagogik lebt aus der Vielfalt der Arbeitsfelder. Neben der Arbeit mit Kindern, Jugendlichen und Familien gehören auch Stellen in der Arbeit mit Senioren und Erwachsenen dazu. Die Kompetenz der Berufsgruppe gilt für die gesamte Gemeinde und richtet sich an verschiedene Milieus. Dabei ist eine sozialräumliche Gemeindeentwicklung im Blick. Daneben bedarf es auch der Profilierung des eigenen Berufsbildes.

Zur Arbeit mit Kindern, Jugendlichen und Familien wird auch künftig gehören:

- Kinder bei der Entfaltung ihrer natürlichen Spiritualität zu begleiten und
- Eltern zu befähigen die eigene religiöse Sprachfähigkeit zu entdecken und zu fördern.
- Ehrenamtliche zu unterstützen und zu fördern
- Konzeptionen für gemeindliche und übergemeindliche Angebote zu erarbeiten und umzusetzen
- zielorientiert und ins Gemeinwesen/ in den Sozialraum orientierend arbeiten
- Netzwerke zu erkennen, zu bauen, zu nutzen und zu befördern

Karl Foitzik verweist für alle konzeptionellen Überlegungen auf den „Dreischritt"[1]:

Situation wahrnehmen, Ziele klären und konzeptionelle Konsequenzen bedenken. Georg Picht ergänzt: Zur Situationsanalyse gehört die Prognose – und bevor Ziele für konkrete Schritte formuliert werden, sollten die leitenden Utopien offengelegt werden.

Gibt es sie – die Krise des Berufsbildes oder der herkömmlichen, uns bekannten und vertrauten Form von Kirche? Wenn ich von der Zukunft der Gemeindepädagogik rede, dann ist dies ganz sicher nicht zu lösen von der künftigen Gestalt von Kirche – einer Kirche mit Zukunft.

Jede Krise trägt in sich Möglichkeiten. In der Krise liegt die Chance, dass wir aufbrechen zu einer Kirche, in der das Priestertum aller Getauften nicht nur gepredigt wird, sondern Gestalt gewinnt. Eins darf uns bewusst sein: Auch ohne (Struktur)Reformen bleibt keineswegs alles, wie es war.

Anmerkung

1 Innovationen im gemeindepädagogischen Dienst / Arbeitspapiere aus der Evangelischen Fachhochschule Darmstadt Nr. 3 – Mai 2006; ISSN 1612-8532.

Literaturtipps
Faix, Tobias/Künkler,Tobias, Generation Lobpreis – und die Zukunft der Kirche, Neukirchen-Vluyn 2018.
Miller, Lisa/Barker,Teresa, Die spirituelle Intelligenz unserer Kinder, Freiburg 2016.
Hartmann, Isabel/Knieling, Reiner, Gemeinde neu denken, Gütersloh 2016.
Schramm, Steffen/Hoffmann, Lothar, Gemeinde geht weiter, Kohlhammer 2017.

Michael Herrmann ist Bezirkskatechet im Kirchenbezirk Dresden Nord, Mastercoach (nach den Standards der DGfC) und Sozialmanager MBA.

Gewinn und Verlust
bei gemeindepädagogischen Anstellungen auf kirchenbezirklicher Ebene

Tobias Richter

Wie können zukunftsweisende und langfristig stabile gemeindepädagogische Anstellungsformen trotz rückläufiger Gemeindegliederzahlen und damit verbunden sinkender Personalmittel entwickelt werden? Diese Frage beschäftigt seit vielen Jahren die Verantwortlichen für Gemeindepädagogik in der sächsischen Landeskirche. Obwohl es die Möglichkeit der kirchenbezirklichen Anstellung seit vielen Jahren gibt, wurde diese Form der Anstellung nur in wenigen Regionen aufgebaut.

➕ Argumente für Kirchenbezirksanstellungen

Als grundlegendes Argument für eine Anstellung auf Kirchenbezirksebene ist die einfachere Profilierung einzelner Gemeindepädagogenstellen sowie der gesamten Stellenstruktur zu nennen. Durch die fachliche Ebene der Kirchenbezirke ist die Vielfalt der gemeindepädagogischen Arbeitsschwerpunkte besser im Blick und es können innovative oder bisher vernachlässigte Arbeitsfelder gestärkt werden. Somit kann eher gabenorientiert gearbeitet werden, gemeindepädagogische Schwerpunkt- und Profilstellen können leichter für eine Region oder einen Kirchenbezirk geschaffen werden. Das dient der Attraktivität des Berufsbildes. In einem gemeinsamen Stellenpool können Elternzeit, Aufstockung beim Religionsunterricht oder Teilzeitwünsche besser realisiert werden. Nach unserer Erfahrung ist die fachliche Stärkung, Wertschätzung, Begleitung des Mitarbeiters, Finanzierung von Fortbildung und Supervision einfacher möglich, da diese Aspekte strukturell geregelt sind. Der größere Stellenpool gibt den Mitarbeitenden Arbeitsplatzsicherheit. In großen, ländlich geprägten Kirchenbezirken ist eine gemeindepädagogische Schwerpunktsetzung nötig, um den Herausforderungen der Zukunft (attraktive Gruppengrößen für Kinder und Jugendliche/effektiver Personaleinsatz) zu begegnen. Derartige Veränderungsprozesse müssen gut und vorausschauend kommuniziert werden, da jede Kirchgemeinde zunächst die eigenen Interessen und Zielgruppen vor Ort im Blick hat.

Gerade jüngere Gemeindepädagogen sehen die Anstellung auf kirchenbezirklicher Ebene und die Möglichkeit im Team zu arbeiten als Chance. Durch die etwas andere Stellenstruktur entsteht mehr Arbeitszufriedenheit und Flexibilität für die Mitarbeitenden.

➖ Argumente gegen Kirchenbezirksanstellungen

Natürlich gibt es auch mehrere Aspekte, die eine Kirchenbezirksanstellung kritisch bewerten lassen:

Der Arbeitsaufwand der mittleren Ebene steigt. Es braucht eine gut vereinbarte Arbeits- und Verantwortlichkeitsstruktur, um die regelmäßigen Arbeitsabläufe, wie z.B. Rüstzeit- und Projektabrechnungen, Urlaubsbeantragung, Krankschreibungen, Vertretungsregelungen zu organisieren. In den Sitzungen des Anstellungsträgers nehmen Anstellungsfragen einen größeren Raum ein. Der häufigste Kritikpunkt von Kirchenbezirksanstellungen ist, dass die Kirchgemeinde aus der Verantwortung für die gemeindepädagogisch Mitarbeitenden genommen wird. Ein Mitbestimmungsrecht und Gestaltungsspielraum für die betreffenden Kirchgemeinden, z.B. Stellenbesetzung und -beschreibung sowie Dienstaufsichten, kann aber vertraglich sehr gut geregelt werden.

In unserer Praxis musste leider auch beobachtet werden, dass die Verantwortung für das gemeindepädagogische Arbeitsfeld in einzelnen Kirchgemeinden aus dem Blick gerät und damit geht in der Regel die unmittelbare Anbindung der Gemeindepädagogik an eine Kirchgemeinde verloren. Diese Anbindung schätzen aber viele Gemeindepädagoen.

Die Frage nach der Anstellungsstruktur hängt im Wesentlichen mit der Perspektive der ständig sinkenden Gemeindeglieder und der damit sich ständig verändernden kirchgemeindlichen Strukturen zusammen. Wenn umfängliche und langlebige Rechtstrukturen und Anstellungsträger geschaffen werden, die eine Anstellung von mehreren hauptamtlichen Gemeindepädagogen über viele Jahre hin ermöglicht, kann man auf die Anstellung auf Kirchenbezirksebene verzichten. Wenn dies aber nicht gegeben ist, halte ich eine Anstellung beim Kirchenbezirk im Interesse der nachhaltigen Sicherung des Arbeitsfeldes der Gemeindepädagogik und im Interesse der Mitarbeiter für zwingend.

Tobias Richter ist Bezirkskatechet im Kirchenbezirk Löbau-Zittau.

Das Miteinander der Berufsgruppen

Christine Aechtner-Lörzer

In vielen Landeskirchen wird gerade über das Thema nachgedacht, es wird neu gestaltet, konzipiert. Eine Gemeindepädagogin aus dem Kirchenkreis Merseburg berichtet, wie es heute für sie aussieht:

Die Konventsarbeit im Kirchenkreis ist größtenteils durch monatliche Gesamtkonvente geprägt, was den Vorteil bietet, dass alle Berufsgruppen über dieselben Informationen verfügen und auch thematisch miteinander im Gespräch sind. Da es aber doch eine gewisse Sehnsucht nach einem Austausch in den einzelnen Berufsgruppen gibt, z.B. um Ideen und Material des eigenen Arbeitsfeldes auszutauschen, werden zwei Konvente im Jahr dafür reserviert.

Die Zusammenarbeit im Gesamtkonvent ist das eine, die Arbeit vor Ort das andere.

Schon vor vielen Jahren haben wir unseren Kirchenkreis in 5 Regionen aufgeteilt. In meiner Region gibt es 4 Pfarrstellen, 1,5 Kirchenmusikerstellen und 1,0 Gemeindepädagogenstellen. Diese Mitarbeiter treffen sich in einem Regionalkonvent, um ihre Dienste zu planen und neue Ideen zu entwickeln. Zweimal jährlich gibt es eine sogenannte Regionalkonferenz, zu der, außer den Mitarbeitern, aus jedem Gemeindekirchenrat der Region ein Delegierter gehört. Für Projekte, die in der Region geplant werden, stellt der Kirchenkreis einen Fonds von 7000,—€ aus dem Strukturfonds zur Verfügung. Dabei kann es sich zum Beispiel in meinem Arbeitsbereich um einen Kinderweltgebetstag oder eine Sommerfreizeit handeln oder – in Überschneidung der Berufsgruppen – um einen Kindermusicaltag, die gefördert werden. Über den Einsatz des Geldes entscheidet die Regionalkonferenz.

Die Idee der Zusammenarbeit in Regionen ermöglicht einen engen Kontakt und guten Austausch, ermöglicht eine rege Zusammenarbeit und bewahrt mich vor der schrecklichen Vorstellung einer „Einzelkämpferin".

Christine Aechtner-Lörzer ist Gemeindepädagogin im Kirchenkreis Merseburg.

Stille Revolution in die Selbstführung

Impulse rund um flache Hierarchien für sinnstiftende Arbeitswelten

Bernd Neukirch

„Für eine Arbeitswelt mit mehr Sinn und Menschlichkeit!" unterschreibt Bodo Janssen, Chef eines mittelständischen Unternehmens mit rund 650 Mitarbeitern, die Selbstdarstellung seiner Firma im Netz. Damit markiert er eine Themenwelt, die seit dreißig Jahren die Landschaft der Organisations- und Personalmanager beschäftigt. Seit den 1990er Jahren gelten *flache Hierarchien* als das Rezept für zufriedene Mitarbeiter und wirtschaftlichen Erfolg. Vielerorts wurden Personalführungsinstrumente wie Jahresgespräche mit Zielvereinbarungen und Führungsfeedback eingeführt. Sprachlich bestimmen *weiche Faktoren* wie harmonische Kooperation, Toleranz und Offenheit für Vielfalt, Vertrauen in die Vernunft der Mitarbeiter den Diskurs über den betrieblichen Erfolg. Hier reiht sich der oben benannte Kulturwandel der Arbeitswelt zu mehr Sinnhaftigkeit ein.

Seit etwa zehn Jahren begleiten diese *Stille Revolution*, neben unternehmerischen Maßnahmen zur Verbesserung der konkreten Personalführung, verstärkt gesellschaftliche Aktivitäten: CSR (Corporate Social Responsibility) bezeichnet die Verantwortung von Unternehmen für ihre Auswirkungen auf die Gesellschaft. Dabei geht es z. B. um faire Geschäftspraktiken, mitarbeiterorientierte Personalpolitik, sparsamen Einsatz von natürlichen Ressourcen, Schutz von Klima und Umwelt sowie um ernst gemeintes Engagement vor Ort. Dieser gesellschaftliche Mehrwert (Unternehmenssinn) soll die persönliche Sinnhaftigkeit für die Mitarbeiter unterstützen, in genau diesem Betrieb engagiert mitzuarbeiten. Veranstaltungsformen, die flache Hierarchien, Selbstorganisation und Ideenaustausch fördern, haben Konjunktur. Dabei dominieren Formate wie Barcamp, FedEx-Day, Design Thinking oder Scrum. Diese starten sehr offen und kommen durch Partizipation relativ schnell zu Ergebnissen. Dabei können Teilnehmer eine hohe Selbstwirksamkeit entfalten und Lösungsstrategien zeitnah ausprobieren. Im Gegensatz zu klassischen Zielfindungsprozessen und Entwicklungsvorhaben verzichten die neueren Formate auf ausführliche Situationsanalysen und detaillierte Planungen für den mehrjährigen Horizont. Hintergrund ist, dass in Zeiten komplexer Wirklichkeiten detaillierte strategische Pläne mit ausgetesteten Exzellenzlösungen öfter ins Leere laufen, weil sich das Bezugssystem längst anders weiterentwickelt hat als geplant.

Stabilität war gestern. Heute wird die Welt beschrieben als schnell und stark schwankend (volatil), ungewiss, komplex und mehrdeutig (ambig). In dieser Welt gilt es, schnell und unvollständig zu handeln. Agilität lautet das Zauberwort, um schnell wechselnde Anforderungen mit Versuchen zu bewältigen. Anstelle vorgefertigter Konzepte geht es um ergebnisoffene Prozesse. Sie beziehen möglichst viele Mitarbeiter ein, sie nutzen konsequent das in den Organisationen bestehende Wissen und möglichst alle vorhandenen Fähigkeiten. Die Prozesse selbst geschehen kleinschrittig vorantastend (inkrementell), interaktiv und nähern sich in wiederholenden/ähnlichen Schleifen (iterativ) Lösungen an. Die Rolle von Führungskräften ist hier nicht Organisator oder Vordenker, sondern Ermöglicher und Moderator kollektiver Intelligenz in den Entwicklungsvorhaben. Führung in der Arbeitswelt 4.0 „heißt, die Lust zu wecken an der Entfaltung der eigenen Fähigkeiten und am Dienst für die Gemeinschaft" (A. Grün, 2010).

Demnach gelingt Kulturwandel in Richtung „Arbeitswelt mit mehr Sinn und Menschlichkeit" in Organisationen mit Sinn, mit Mitarbeitern, die wissen, „why", und die sich in zeitlich übersichtlichen Verfahren zu den wesentlichen Herausforderungen der Organisation partizipativ einbringen, sowie mit Führungskräften als Dienstleistern für die Potenzialentfaltung der Mitarbeiter. Dann erreichen Organisationen *evolutionäre Emergenz*, wie F. Laloux dies in seinem „Leitfaden zur Gestaltung sinnstiftender Formen der Zusammenarbeit" mit den Stichworten Selbstführung, Ganzheit und evolutionärer Sinn beschreibt (F. Laloux, 2015). In diese Richtung versucht der Film „Stille Revolution" (K. Gründling, 2018) Hinweise zu geben. Er stellt das Konzept der Firma Uptalsboom, Emden, ins Zentrum. Hier geht es darum, Arbeit und persönlichen Lebenssinn aus der industriellen Entfremdung wieder stärker zusammenzuführen. Demgegenüber markiert der Dokumentarfilm „Work Hard – Play Hard" (C. Losmann, 2011) das andere Ende der Selbstführung. Er veranschaulicht bis in die Büroarchitektur hinein, wie die *Leitidee einer permanenten Selbstoptimierung* schleichend die Grenzen zwischen Arbeit und Freizeit verwischt, bis hin zum Verlust jeder Privatsphäre. So werden Dilemmata anschaulich, wie sie S. Kühl schon 1994 in seiner Reflektion „Wenn die Affen den Zoo regieren" beschreibt: Klassische Organisationen der Industriegesellschaft haben Stabilität zum „Patentrezept für erfolgreiche und effiziente Organisationsführung erklärt" (S. 26). Dem stellt er die Konzepte der Enthierarchisierung und Dezentralisierung, damals noch mit dem Etikett *Lean Management*, gegenüber.

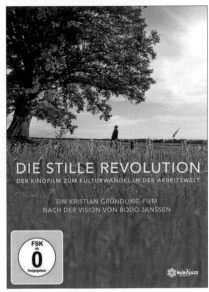

Die stille Revolution
Deutschland 2018
Regie: Kristian Gründling
92 Minuten
U.a. mit: Wolf Lotter, Bodo Janssen, Götz
Werner, Gerald Hüther, Anselm Grün,
Wolfgang Clement, Hans Eichel

Kühl nimmt labile Strukturen wahr, die „postbürokratische Organisationen einer fundamentalen Auflösungs- und Politisierungsgefahr aussetzen" (S. 81). In der Folge entstehe dort ein diffuses, unübersichtliches Machtgefüge, mit hohem kommunikativem Aufwand. Kritisch mahnt er an, dass sich Komplexität nicht durch Flexibilität in den Organisationsstrukturen reduzieren lasse, sondern zugleich die Komplexität erhöhe (S. 115).

Selbstorganisation und Partizipation, soziokratische Organisationsansätze („Tue mehr mit Ungefähr") reichen zurück bis in die 1960er Jahre. Sie bieten Chancen und haben gleichzeitig Grenzen. Wenn klassische Zusammenarbeitskultur durch agile Strukturen ersetzt wird, müssen Menschen Macht und Einfluss abgeben. Konsequenzen können Machtkämpfe, Instabilität sein. Wird die Führungs-Mittelschicht formal abgeschafft, kann das System ohne diese Stützsäule kollabieren. Dagegen kann Hierarchieabbau in Teams und Unternehmen genauso gut funktionieren. Wenn Mitarbeiter als Experten ihrer selbst eigenverantwortlich handeln, Führungskräfte als Moderatoren agieren und demokratisch Entscheidungen getroffen werden. Andererseits: Nicht alle Mitarbeiter können/wollen selbstorganisiert arbeiten. Unterschiedliche Menschen haben unterschiedliche Interessen und Motive. Diese laufen nicht immer darauf hinaus, das Beste für die Arbeit zu geben. Das ist menschlich. Die Aufhebung von Hierarchien und das Agieren in selbstorganisierten Teams kann so auch in die Überforderung führen.

Es braucht folglich immer eine genaue Differenzierung und gute Kommunikation, damit sich eine sinnvolle Balance zwischen Agilität/Dynamik auf der einen und Stabilität/Routine auf der anderen Seite entwickeln kann. *Gut* wird dabei definiert durch die jeweilige Situation und ausgehandelt durch vertrauensvoll kooperierende Akteure. *Gut* ist anschaubar, aber methodisch mutmaßlich nicht direkt auf Dritte übertragbar.

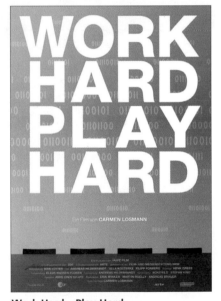

Work Hard – Play Hard
Deutschland 2011
Regie: Carmen Losmann
90 Minuten

Literatur

Laloux, Frederic, Reinventing Organizations, München 2015

Stefan Kühl: Wenn die Affen den Zoo regieren, Frankfurt a.M./New York 1998.

Rüther, Christian, Soziokratie, S3, Holakratie, Frederic Laloux‹ »Reinventing Organizations« und New Work: Ein Überblick über die gängigsten Ansätze zur Selbstorganisation und Partizipation, Wien/Norderstedt 2018.

Bernd Neukirch ist Studienleiter für Gemeindeberatung beim Amt für kirchliche Dienste in Berlin.

Gemeindebrief
Magazin für Öffentlichkeitsarbeit

Mit **Sicherheit**
das **beste Bild**

| Startseite | Aktuelles | GB 2019/3 | Alle Ausgaben | Rubriken | Servicethemen |

Frühling

www.gemeindebrief.de

Passion in einem Bodenbild

Angela Kunze-Beiküfner

Vorüberlegungen

Der Gestaltungsvorschlag beruht auf den Prinzipien der Kett-Pädagogik. Dazu zählt, dass die Beteiligung der Kinder sowie der Zugang zu symbolischen Deutungen von zentraler Bedeutung sind. Der „Schauplatz" der Erzählungen ist ein Bodenbild. Dieses wird vorbereitet, indem gemeinsam mit den Kindern ein braunes Rundtuch in der Mitte entfaltet wird, auf dem zwei Seile wie ein Kreuz abgelegt werden. In die entstandenen Viertel werden die einzelnen Bilder bzw. Symbole für die jeweilige Passionsgeschichte gelegt. Die Kinder selbst sind durch einen Gegenstand (Kerze, Holzkegelfigur o.ä.) symbolisch in die jeweilige Erzählung einbezogen.

Erzählt werden jeweils ausgewählte Episoden aus der letzten Lebenswoche Jesu. Meine Auswahl für diese Gestaltung ist reduziert – die Fußwaschung der Jünger durch Jesus fehlt z.B., lässt sich aber ergänzen. Mit der Auswahl der Texte wird auch die Bedeutung der besonderen Tage in der Passionszeit, Palmsonntag, Gründonnerstag und Karfreitag veranschaulicht. Daher können sie in abgewandelter Form auch für Erwachsene (Elternabende, Glaubenskurse o.ä.), die über die Bedeutung der Karwoche etwas lernen wollen, eingesetzt werden.

Die Geschichten können als eine Gesamterzählung (45 Minuten in einer verkürzten Version) oder – meine Empfehlung – verteilt auf verschiedene Tage erzählt werden. Dann kann das Bodenbild zu Beginn mit Hilfe der Kinder geschehen bis zu dem Stand des letzten Treffens aufgebaut werden (dies hat auch den positiven Effekt der Wiederholung), bevor weitererzählt wird. In der vorliegenden Form wird die Gestaltung vor allem mit älteren Kindergartenkindern in der Passionszeit in vier Morgenkreisen angewendet.

1. Einzug in Jerusalem (Mk 11,1 ff.),
Lied: Jesus zieht in Jerusalem ein

Hintergrundinformationen für die Erzählenden:
Am Ende seines Wirkens zieht Jesus zum Passahfest mit seinen Anhängern nach Jerusalem. Das Passahfest wird am 14. Nissan gefeiert (der Nissan ist im jüdischen Kalender der 7. Monat und fällt in den März/April) und war eines der drei Pilgerfeste, welche bis zur Zerstörung des Tempels in Jerusalem gefeiert wurden. Im jüdischen Passahfest sind zwei unterschiedliche, sehr alte Festtraditionen vereint worden: Zum einem war Passah das Frühlingsfest der Bauern zu Beginn der Getreideernte. Die erste Gerstenernte wurde eingefahren und ein Teil davon im Tempel geopfert. Zum anderen wird zum Passahfest an den Auszug der Israeliten aus der ägyptischen Gefangenschaft gedacht – dieses Gedenken wird bis heute mit einer besonderen Mahlfeier am Vorabend des Passahfestes im Kreis der Familie begangen. Zur Zeit Jesu war es das größte jüdische Fest. Als Kritiker des Tempelkults und der Jerusalemer Aristokratie hatte Jesus während seines Wirkens bis zu diesem Passahfest Jerusalem gemieden. Ob er zu diesem Zeitpunkt seinen gewaltsamen Tod schon vorausgesehen hat oder er mit der Erwartung der beginnenden Gottesherrschaft nach Jerusalem gezogen ist, ist allerdings theologisch stark umstritten.

Material:
- eine kleine Holzkegelfigur oder ein Teelicht in einem Glas sowie ein kleines buntes Stoff-, Filz- oder Papierstück für jedes Kind
- ein braunes Rundtuch
- Holzbausteine
- ein siebenarmiger Leuchter (Menora) → dieser kann auch aus Pappe gebastelt werden, denn es sollen keine Kerzen aufgesteckt werden.
- eine größere Kerze für Jesus und einen Esel

Vorbereitung:

- Alle sitzen im Kreis. Gemeinsam mit den Kindern wird das braune Rundtuch in der Mitte entfaltet. Drauf werden die beiden Seile in Kreuzform abgelegt. Die Kinder können ihre Einfälle zu dem entstandenen Bild (Seilkreuz auf braunem Rundtuch) äußern.
- Kurzer Impuls zum Symbol Kreuz –> Erläuterung zur Passionszeit und zum Kreuzweg, Vorbereitung auf die Erzählungen

Hinführung:

- Auf das braune Tuch wird in einem Viertel aus Bausteinen ein Tor gebaut. Davor wird eine „Tür" aus Pappe gestellt, so dass das Tor noch verschlossen ist.
- **Reflexion zum Tor** (als Symbol): Das Durchgehen kann Überwindung kosten, wir wissen nicht, was uns erwartet. Welche Tore kennen die Kinder?
- Erzählen, dass es sich um ein Stadttor von Jerusalem handelt. Mit Bausteinen können die Kinder nun eine Stadtmauer und ein paar Häuser andeuten. In die Mitte der Stadt wird eine Menora (siebenarmiger Leuchter) als Symbol für den Tempel gestellt. Gespräch mit den Kindern zu Jerusalem und zum Tempel: Was wissen sie schon darüber? Evtl. ergänzende Erläuterungen zum Tempel (z. B.: Jesus war ein Jude. Das Judentum zur Zeit Jesu war eine Tempelreligion und im Tempelbezirk durften nur die Mitglieder bestimmter Familien als Priester dienen. Der Tempel befand sich bis zu seiner Zerstörung im Jahre 70 in Jerusalem. Zu großen jüdischen Festen pilgerten die Menschen von Fern und Nah zum Tempel nach Jerusalem.)

Impuls:

- **Erzählen:** Es ist Frühling. Bald beginnt das Passahfest mit festlichen Gottesdiensten im Tempel in Jerusalem. Jesus zieht mit seinen Freunden nach Jerusalem zusammen mit vielen anderen Festgästen. Aus allen Himmelsrichtungen kommen die Menschen in die Tempelstadt. Als das Stadttor von Jerusalem in der Ferne zu sehen ist, haben die Freunde von Jesus Herzklopfen. So eine große Stadt! So viele Menschen! Und sie machen sich untereinander Mut und sagen: „Jetzt wird es Jesus den Leuten in Jerusalem seine

Macht zeigen!" Sie erwarten von Jesus, dass er wie ein König durch das Stadttor ziehen wird. Sie wollen allen zeigen, dass hier jemand ganz Besonderes kommt. Am liebsten würden sie für Jesus einen roten Teppich ausrollen, wie für einen König! Weil sie keinen Teppich haben, nehmen sie das, was sie gerade zur Hand haben: Zweige, Tücher und sogar ihre Kleidung. Dann warten sie auf Jesus.
- **Mitmachen:** Die Kinder können mit ihren Figuren oder Kerzen ein Spalier vor dem Tor stellen und ihre bunten Legematerialien dazwischen ablegen.
- **Weitererzählen:** Da kommt Jesus -> die Jesuskerze und den Esel zeigen und ein Kind einladen, damit eine Runde um den Kreis zu gehen.
- **Mitmachen:** Die Freunde von Jesus freuen sich und fangen an zu rufen und zu singen -> Einladung zum Mitsingen: Jesus zieht in Jerusalem ein, Hosianna
- **Weitererzählen:** Jesus aber saß sehr ernst auf seinem kleinen Esel. Er wusste: Wenn ich durch das Tor komme, erwarten mich dort meine Feinde. Die anderen Menschen, die Jesus nicht kennen, wunderten sich. Warum macht ihr so ein Geschrei? Was ist an ihm besonders? Auf dem Esel sieht er aus wie ein Hirte oder ein kleiner Bauer. Die Freunde von Jesus versuchten zu erklären, warum Jesus für sie so wichtig war.
- **Gesprächsimpulse:** Was war das Besondere an Jesus? Was würdet ihr sagen? / Jesus wusste, dass in der Stadt hinter dem Tor seine Feinde lebten. Ob Jesus Angst hatte, durch das Tor zu gehen? Was denkt ihr?

Individuelle Gestaltung (nur, wenn hier eine Zäsur gemacht wird):

- Mit Legematerialien (mit Wollfäden, Naturmaterialien, Tüchern, ect.) werden die Kinder eingeladen, ein (Tor)-Bild zu gestalten (oder alternativ zu malen).
- Ist es euch schon mal so ergangen, dass ihr vor etwas Angst hattet. Was hat euch gegen die Angst geholfen?

2. Tempelreinigung (Mt 21,12–22),
Lied: Gott kommt manchmal ganz leise

Hintergrundinformationen für die Erzählenden: Im Gegensatz zu den Menschen in Galiläa, die von der Landwirtschaft lebten, war die Stadt Jerusalem angewiesen auf das Geld, das durch den Tempelkult nach Jerusalem kam. Fast alle Bewohner in Jerusalem waren wirtschaftlich vom Tempel abhängig – sie boten den Pilgern Quartier und Nahrung, ihre Waren und die Opfertiere (Tauben, Schafe, Ziegen und auch Kühe) zum Kauf an. Zudem gab es in den Vorhöfen des Tempels viele Geldwechsler, damit die weitgereisten Pilger zum Kauf eines Opfertiers (bzw. eines Anteils) die richtige Währung eintauschen konnten. Jesus aber verkündigte, dass das Reich Gottes dort ist, wo Menschen auf Gott hören. Die Vermittlung durch die Priester und die Tieropfer sei nicht notwendig, verkündigte Jesus. Auch das Passahmahl feierte Jesus mit seinen Freunden, ohne vorher ein Lamm geopfert zu haben. Stattdessen vertrieb Jesus symbolisch die Händler (sie kamen natürlich bald darauf wieder) aus dem Tempelvorhof. Damit brachte er sowohl die Jerusalemer als auch die Priesterkaste gegen sich auf.

Hinführung:

- Beginn mit akustischen Wahrnehmungsspielen: Mit geschlossenen Augen im Raum hören / bei offenen Fenster hören / ein Münze im Raum fallen lassen – was kann ich hören?
- Kann man Gott hören? – Augen zu – Wind machen: Gottes Geist kann wie ein frischer Wind sein, der zu spüren ist – und auch ganz leise zu hören.
- Lied: Gott kommt manchmal ganz leise, Gott kommt manchmal ganz still.

Erzählung und Gestaltung:

- In das zweite Viertel wird nun ein goldenes Tuch gelegt und die für den Tempel mit der **Menora** in die Mitte gestellt. Drumherum können die Kinder mit Bausteinen eine Tempelmauer bauen, evtl. den Aufbau des Tempels erklären.
- **Erzählen:** Zum Passahfest ist Jerusalem voller Menschen. Auf den engen Straßen herrscht ein unglaubliches Gedränge. Viele Menschen gehen zum Tempel. Dort kaufen sie Opfertiere für das Tempelopfer. Wenn sie aus fremden Gegenden kommen, müssen sie ihr ausländisches Geld wechseln. Darum gibt es im Tempelvorhof viele Geldwechsler und Tierhändler (ein paar Schafe, Kühe oder Ziegen und einen Beutel mit Münzen hineinstellen). Weil es viele Händler und Geldwechsler gibt, rufen sie ganz laut, um Kunden anzulocken.
- **Kinder einbeziehen:** Wer von euch will mal einen Händler oder Geldwechsler spielen und laut rufen?
- **Weitererzählen:** So laut ist es auch im Tempelvorhof vor dem Passahfest (Münzen und ein Schaf werden auf das goldene Tuch gelegt). Jesus kommt mit seinen Freunden in den Tempel.
- **Mitmachen:** Die Kinder werden eingeladen, ihre Figuren oder ihre Kerzeen in den Tempelvorhof zu stellen. Die Jesuskerze wird dazu gestellt, der Esel bleibt vor dem Tempelvorhof.
- **Weitererzählen:** Jesus will im Tempel zur Ruhe finden, er will auf Gott hören. Doch als er den Tempelvorhof betritt, hört er nur die Händler schreien. Es ist schrecklich laut. Jesus wird wütend. „Aus dem Haus des Gebets habt ihr eine Räuberhöhle gemacht!", ruft er. Er jagt die Händler und die Tiere aus dem Tempel (Münzen und Schafe werden herausgenommen). Auf einmal wird es ganz ruhig – nur die vielen Kranken und Bettler sitzen noch im Tempelvorhof auf ihren Plätzen. So wütend haben sie Jesus noch nie gesehen! Ob er auch auf sie wütend ist? Jesus geht zu ihnen und hilft ihnen! Er hört ihnen zu und segnet sie. „Das ist der Retter, der Sohn Gottes, auf den wir so lange gewartet haben!", rufen sie. „Hosianna!" (Kinder rufen/singen lassen). Aber die Priester und Schriftgelehrten sind wütend. So kann das nicht weitergehen! Was der sich herausnimmt! Dieser Jesus muss beseitigt werden!

Vertiefung:

- Gesprächsimpuls: Ein wütender Jesus, der Menschen ausschimpft und wegschickt – was denkt ihr darüber? Passt das zu Jesus? Warum hat er das gemacht?

Individuelle Gestaltung: Die Kinder werden eingeladen, ein Bild mit Legematerial zu legen oder zu malen, das zeigt, wie sie sich einen Ort vorstellen, an dem sie sich Gott besonders nahe fühlen können.

3. Letztes Abendmahl (Mk 14,12 ff.),
Lied: Wo zwei oder drei in meinem Namen versammelt sind

Hintergrundinformationen für die Erzählenden: Das letzte Mahl Jesu mit den Jüngern war eine Symbolhandlung (ebenso wie die Gastmähler mit den Zöllnern). Durch seine Tempelkritik hatte Jesus sich praktisch selbst vom Tempelkult und den zu Passah üblichen Riten ausgeschlossen. Für einen gläubigen Juden bedeutete das gleichzeitig ein Ausschluss von Heil – denn der Tempel war der Mittelpunkt des religiösen Lebens – Segen und Wohlergehen waren an ihn gebunden. Nicht nur Jesus, sondern auch seine Jünger waren davon nun ausgeschlossen. Jesus bietet seinen Jüngern mit der Mahlfeier einen Ersatz an, ein schlichtes Essen mit Brot und Wein wird Ersatz für den Tempelkult. Wenn Jesus beim Brotbrechen zu seinen Jüngern sagt: Dies ist der Leib für euch – kann er damit gemeint haben: Dies ist der Ersatz für den Leib der geschlachteten Leiber der Opfertiere. Und der Kelch ist ein Zeichen für den neuen Bund, der nicht mehr an einen Tempelkult gebunden ist.

Hinweis: Von dem Verrat durch Judas erzähle ich nicht explizit, da dies der Erzählung einen anderen Schwerpunkt geben würde. Es gibt viele verschiedene Hypothesen über die Gründe für diesen Verrat, auf jeden Fall kann das Geld kein Grund gewesen sein - die 30 Silberlinge waren nicht viel wert.

Erzählen und Gestalten:

- **Schauplatz:** Ein Tuch als Haus in das dritte Viertel gelegt; ein kleineres weißes Tuch (als Tischdecke) kommt in die Mitte.
- **Erzählung:** Jesus durfte nicht in Jerusalem bleiben. Niemand wollte Jesus aufnehmen, alle wussten, dass die Tempelpolizei nach Jesus suchte und ihn verhaften wollte. Als nun die Zeit des Passahabends kam – das war damals so ein wichtiges Fest wie bei uns →

Weihnachten –, da trafen sich Jesus und seine Freunde in einem Haus außerhalb von Jerusalems Stadtmauern.

- **Mitmachen:** Die Kinder werden eingeladen, ihre Figuren oder Teelichter um das weiße Tuch zu stellen, die Jesuskerze kommt dazu. Der Esel bleibt außen am Haus.
- **Weitererzählen:** Jesus lud seine Freunde zu einem besonderen Essen ein – nicht ein großes Festessen, sondern ein ganz einfaches Mahl mit Brot und Wein. Er sagte zu seinen Freunden: „Liebe Freunde, das ist ein Abschiedsessen. So wie wir jetzt zusammensitzen, werden wir es nie mehr tun können. Ihr wisst, dass die Soldaten mich suchen. Vielleicht wissen sie schon, wo ich bin. Heute Nacht werden sie mich verhaften und es kann sein, dass ich bald sterben werde. Ich will nicht weglaufen und mich verstecken, denn ich weiß, dass Gott diesen Weg für mich vorbereitet hat. Wenn ich sterbe, dann tue ich das für euch – damit ihr seht, dass Gott stärker ist als der Tod." Seine Freunde waren traurig, aber Jesus tröstete sie: „Auch wenn ihr mich nicht mehr seht, werde ich bei euch sein. Immer wenn ihr so zusammen seid und in meinem Namen das Brot und den Wein teilt, bin ich bei euch!"
- **Gemeinsam Essen:** Brot und Weintrauben werden herumgegeben und alle können sich davon etwas nehmen. Dazu kann gesagt werden: Wir teilen Brot und teilen Saft, und bitten Gott um neue Kraft. Oder: Von einem zum andern sollen Brot und Trauben wandern. Nimm es an, iss davon/trink davon und gib es weiter dann.
- **Singen:** Wo zwei oder drei in meinem Namen versammelt sind
- **Gespräch:** Seit diesem Tag wird in den Kirchen in Erinnerung an dieses Abschiedsessen Abendmahl gefeiert bis heute. Vielleicht war jemand von euch sogar schon mal dabei?
- **Individuelle Gestaltung:** Ein Bild zum Thema Abschied gestalten, Impuls: Was fällt euch ein zum Thema „Abschied"?

4. Jesus im Garten Gethsemane
(Mk 14,32 ff.),
Lied: Aus der Tiefe rufe ich zu dir

Hintergrundinformation für die Erzählenden: Entscheidend für die Antwort auf die Frage, warum Jesus sterben musste, ist seine eigene Bereitschaft gewesen, dem Willen Gottes nicht auszuweichen. Allein im Garten Gethsemane, wachend und betend, hat er sich Gott ausgeliefert und sich dann von selbst in die Hände der Römer begeben. Jesus wollte keine Verteidigung durch Petrus und er wollte nicht fliehen, sondern er wollte seinen Weg zu Ende gehen. Sein Leben, mit dem er die Macht der Liebe demonstriert hatte, sollte nicht am Tod scheitern, sondern durch die Macht der Liebe den Tod besiegen! Im Sterben und im Tod Jesu hat sich Gott selbst als ein mitleidender und ohnmächtiger, den Menschen in ihrem Leiden und Sterben sehr naher Gott erwiesen. In seinem Sohn ist Gott, hat sich Gott selbst dem Tod ausgesetzt – und ihn überwunden. Gott ist den Menschen nahe, die leiden und sterben. Er geht mit ihnen auf den Weg durch den Tod in die Auferstehung.

Erzählen und Gestalten:
- **Gestaltung:** In das letzte Viertel wird ein dunkelgrünes oder dunkelbraunes Tuch gelegt: Was fällt den Kindern dazu ein? Ein nächtlicher Garten/Park wird gemeinsam gestaltet: Grüne Tücher für die Bäume, Steine für die Mauer ringsherum.
- **Erzählung:** Nach dem Abschiedsessen sind alle ganz müde, es ist schon sehr spät. Aber sagt Jesus zu seinen Freunden: „Ich möchte in Ruhe beten und dafür nach draußen gehen in den Garten, in dem wir auch schon in den die letzten Abende gebetet haben. Kommt ihr mit?" Seine Freunde sind voller Angst. Was wird in dieser Nacht passieren? Aber sie wollen Jesus nicht allein lassen und begleiten ihn.
- **Mitmachen:** Die Jesuskerze und die Teelichter bzw. Figuren für die Jünger werden aus dem Haus genommen, gemeinsam wird eine Runde um das Bodenbild herumgegangen.

- **Dabei erzählen:** Jesus sagt zu seinen Freunden: „Ich möchte hier allein beten, aber bitte bleibt in meiner Nähe und betet für mich."
- **Mitmachen:** Die Kerzen werden in das Bodenbild gestellt.
- **Erzählen:** Jesus ging in eine dunkle Ecke des Parks und betete: „Gott, mein lieber Vater, bitte hilf mir, ich habe Angst. Lass mich spüren, dass Du bei mir bist. Lass mich nicht allein!" Seine Freunde aber waren so voller Angst und Kummer, dass sie ganz erschöpft waren und einschliefen. Jesus kam zwischendurch zu ihnen, weckte sie auf und bat sie, mit ihm wachzubleiben. Alle spürten, dass etwas passieren würde. Und dann waren die Stiefeltritte der Soldaten zu hören. Jesus stellte sich mitten in den Park, so dass er gut zu sehen war. Viele Freunde versteckten sich, aber Petrus blieb bei ihm. Als die Soldaten Jesus verhafteten und ihn in Ketten legten (eine Eisenkette um die Kerze legen), versuchte Petrus, Jesus zu verteidigen. Doch Jesus tröstete seinen Freund Petrus und ging mit den Soldaten mit. Seine Freunde versteckten sich, einige liefen noch in der Nacht weit weg von Jerusalem. Petrus aber schlich vorsichtig hinter den Soldaten her, um zu sehen, was mit Jesus passieren würde. Doch in Jerusalem wurde er von anderen erkannt und sie sprachen ihn an: „Du bist doch ein Freund von diesem Jesus, der gerade verhaftet wurde." Petrus hatte Angst, dass er auch verhaftet werden würde, wenn er das zugab, und stritt ab, Jesus zu kennen. Dann lief er schnell wieder weg aus Jerusalem und versteckte sich. Er schämte sich, dass er Jesus im Stich gelassen hatte, und betete, dass alles gut ausgehen würde.
- **Singen:** Aus der Tiefe rufe ich zu dir
- **Gespräch:** Kinder können erzählen, wie es ihnen mit dieser Geschichte geht.
- **Gestaltung:** Immer zu zweit oder zu dritt legen die Kinder ein Bild zum Thema Angst.

- **Individuelle Gestaltung:** Jedes Kind erhält einen Stein und kann ihn zu dem Stein legen, zu sagen, was es bedrückt.
- **Lied:** Alles, was mich bedrückt, lege ich in diesen Stein, denn du Gott willst bei mir sein und lässt mich nie allein.
- **Ausblick auf Ostern:** Aber damit ist die Geschichte von Jesus nicht zu Ende, sondern eigentlich geht es jetzt erst richtig los. Denn als seine Freundinnen und Freunde am dritten Tag nach dem Tod Jesu zum Grab kommen, ist dieses leer – und sie erleben, dass Jesus von den Toten auferstanden ist (Kerze wieder anzünden). Jesus ist zwar nicht mehr so da wie vorher, aber seine Freundinnen und Freunde begegnen Jesus auf eine neue Weise. Davon wird zu Ostern erzählt!
- **Singen:** „Gottes Liebe ist so wunderbar" oder „Dass die Liebe Gottes mit uns ist«

5. Tod und Grablegung Jesu

Erläuterungen zum Text: Jeus wurde am Kreuz hingerichtet, weil sein Todesurteil letztendlich von dem römischen Stadthalter Pontius Pilatus gefällt wurde. Das Kreuz war die Tötungsform der Römer, die Steinigung die Tötungsform der Juden bei Todesurteilen. Ich würde von der Kreuzigung nur sehr knapp erzählen: Jesus starb am Kreuz. Manchmal wollen es dann aber einige Kinder ganz genau wissen (wie lang die Nägel waren und wie viel Blut geflossen ist etc.), während andere davon seelisch erschüttert werden. Hier ist großes Fingerspitzengefühl erforderlich. Das Auspusten der Jesuskerze ist an und für sich schon sehr eindringlich. Die Beerdigung in einem Felsengrab war damals üblich, noch heute gibt es viele Felsengräber rings um Jerusalem.

- **Sensibilisierung:** Ein schwerer Stein wird zum Tasten herumgegeben
- **Gestaltung und Erzählung:** In die Mitte des Bodenbildes wird der schwere Stein gelegt und die Jesuskerze dazugestellt. Es wird erzählt, das Jesus gestorben ist (Kerze auspusten) und begraben wurde.

Den Baustein „Ostermorgen" finden Sie exklusiv im Download-Bereich unserer Homepage!

www.praxis-gemeindepaedagogik.de

Dr. Angela Kunze-Beiküfner, Pfarrerin und Dozentin, ist Stellvertretende Direktorin des Pädagogisch-Theologischen Instituts der Ev. Kirche in Mitteldeutschland und der Ev. Landeskirche Anhalts.

Ostergarten
Passion und Auferstehung mit allen Sinnen

Franziska und Christoph Zieschang

Ein Ostergarten widmet sich den großen Fragen christlicher Überlieferung.

Er setzt sich mit dem Leidensweg, der Kreuzigung und der Auferstehung von Jesus Christus auseinander. Unser Ostergarten bestand aus neun Stationen, vom Einzug Jesu in Jerusalem bis hin zur Auferstehung wurden die Geschichten erzählt und erlebbar gemacht. Die Räume verwandelten sich in biblische Orte und die Besucher konnten in eine vergangene Zeit eintauchen. Dadurch wurde ein ungewöhnlicher und intensiver Zugang zu biblischen Geschichten möglich.

Von der Idee zur Umsetzung

Ostergarten, das machen wir! Es war klar, dass dieses ambitionierte Projekt viele Unterstützer und Helfer braucht. Die anstehenden Aufgaben waren sehr vielfältig: Neun Stationen wollten gestaltet, Licht installiert, Raumtrennungen gebaut, die Gruppen durch den Ostergarten geleitet und auch Gespräche geführt werden. Von der Idee bis zur Umsetzung haben wir effektiv zwei Jahre benötigt. Es braucht etwas Mut, viel Gebet und das Vertrauen darauf, dass sich manche Probleme lösen werden, wenn sie dran sind. Das Material vom Bibellesebund war unser Leitfaden, hilfreich war es, bei anderen Gemeinden zu stöbern, vor allem nach Gestaltungsideen. Nachdem wir der Meinung waren, dass wir ausreichend Leute sind, um zu starten, und sich bestimmt noch welche dazugesellen werden, brauchten wir eine passende Location im Gebiet unseres Kirchspiels Gröditz, zu dem vier Gemeinden mit

sieben Gotteshäusern gehören. Wir fanden zwei leerstehende Geschäftsräume in der Nähe der Weißenberger Kirche direkt am Markt in Weißenberg – eine wunderbare Fügung. Ein Tischler baute dann Raumtrennungen, sodass neun Räume entstanden, welche nach und nach und bis zwei Tage vor Eröffnung gestaltet wurden: von einer Grundschule, zwei Oberschulen, dem Hauskreis einer Nachbarkirchgemeinde, den Gemeindepädagogen einer anderen Nachbarkirchgemeinde, zwei Kirchgemeindevertretungen unseres Kirchspiels, den Pfarrern des Kirchspiels und der katholischen Gemeinde aus Löbau. Damit sich der große Aufwand für die Vorbereitung in Besucherzahlen widerspiegeln konnte, wurde intensiv in die Werbung investiert. Wir haben Flyer an alle kirchlichen Mitarbeitenden und Einrichtungen in der näheren Umgebung versendet. Auch in den Ortsblättern, der Regionalzeitung und der Kirchenzeitung waren Artikel zu finden. Wir hatten Zeiten für öffentliche Führungen festgelegt, den Großteil aber für angemeldete Gruppen freigehalten – und die kamen: Am Ende hatten wir vom 11.3. bis zum 8.4.2018 125 Führungen (davon 75 angemeldete Gruppen) mit insgesamt 1444 Besuchern durchgeführt. Reichlich 70 Führungen wurden von den beiden Gemeindepädagogen unseres Kirchspiels Claudia Witschas und Christoph Zieschang begleitet, reichlich 50 von neun weiteren Personen. Für alle Begleiter gab es einige Tage vor der Eröffnung eine Führung.

Durchführung

Der Begleiter empfing am Eingang die Gruppe und lud alle ein auf eine Reise nach Jerusalem vor etwa 2000 Jahren. Dann traten alle durch ein Stadttor und gelangten in den ersten Raum.

1. Einzug in Jerusalem – dieser Raum war sehr klein und man konnte direkt nachempfinden, wie eng es in Jerusalem gewesen sein wird. Es wurde eine Hörszene abgespielt (von einer tragbaren Bluetooth-Box – eine sehr praktische und preiswerte Variante).

2. Dann ging es ins Gemach zum Abendmahl, wo alle sich an einen gedeckten Tisch setzen konnten und gemeinsam Mazzen aßen und Traubensaft tranken – diese Station war bei Kindern sehr beliebt. Manchmal trat hier auch der König in Erscheinung und bediente alle.

3. Im Garten Gethsemane ist es sehr dunkel und auch ruhig, denn hier wurde man Zuhörer des Gespräches zwischen Gott Vater und Jesus – als Hörszene abgespielt.

4. Danach begleitete die Gruppe Petrus auf seinem Weg. Er wird durch den Hahn daran erinnert, dass er Jesus verleugnet hat, und jeder Besucher wird dazu angeregt, über das eigene Verleugnen Gottes nachzudenken.

5. Wir folgten nun wieder Jesus zu seinem Verhör vor Pilatus, es folgte der Gang durch Jerusalem.

6. Zur Kreuzigung konnte jeder einen Stein mitnehmen, welcher symbolisch für unsere Schuld steht. Am Kreuz konnte man einem römischen Soldaten bei seinen Gedanken „belauschen" und auch den Stein ablegen.

7. Man kam dann am Felsengrab, in dem Jesus liegt, vorbei, bevor jeder sich zur

8. Auferstehung begibt, welche als Labyrinth gestaltet ist.

9. Der Begleiter verabschiedet nun die Gruppe vor einem geschmückten Altar, indem er einen Bogen in unseren Alltag schlägt, denn das Ostergeschehen passierte ja nicht nur vor 2000 Jahren, sondern auch heute.

Es sollte unbedingt noch Zeit sein für Gespräche, welche immer entstanden sind, manchmal aber stark abgekürzt werden mussten, weil schon die nächste Gruppe wartete. Ich kann hier nicht alle Texte der Hörszenen und auch nicht das vom Begleiter Gesprochene wiedergeben. Unser Material wurde entwickelt von Anette und Lutz Barth, welche ihre Arbeit und alle Angebote auf www.sinnen-park.de präsentieren. Wer das Material allerdings einfach mal sichten möchte, kann sich auch bei uns melden – wir verborgen es gern.

Reflexion

Der Ostergarten war ein sehr aufwendiges und wundervolles Projekt, welches wir 2019 wiederholen werden, da wir von 50 Besuchern ein schriftliches Feedback und von vielen weiteren ein mündliches bekommen haben, welches durchweg positiv war. Allerdings wird es einige kleine Änderungen geben: Es wird weniger öffentliche Führungen geben, da diese nicht immer gut besucht waren, so dass mehr Zeit für angemeldete Gruppen bleibt. An Spitzentagen hatten wir 8–10 Führungen – das ist aber nicht optimal, weil dann manchmal etwas Stress entsteht, für die Führungen ist aber innere und äußere Ruhe sehr wichtig. Außerdem wollen wir den ersten Raum etwas vergrößern, damit die Begrüßungssituation etwas entspannter durchgeführt werden kann. Unsere Führungen waren für etwa 15 Leute konzipiert, es waren aber auch mal über 20. Wir hatten bewusst dieses kleine Format gewählt, damit während der Führung leichter Kontakt zwischen Begleiter und Gruppe entsteht. Es ist zudem ideal, wenn eine zweite Person anwesend ist, welche den König „spielt", nach dem Abendmahl die benutzten Becher wegräumt und neue hinstellt, die die Steine, welche als Symbol für unsere Schuld mitgeschleppt werden und am Kreuz abgelegt werden konnten, für die nächste Gruppe wieder zur Station bei Pontius Pilatus bringt und die nächste Gruppe in Empfang nimmt. Hat man solch eine zweite Person nicht, übernimmt diese Dinge der Begleiter, was auch gut funktionierte. Noch ein Wort zur Finanzierung: für den Ostergarten hatten wir Ausgaben von etwa 3000 Euro, welche komplett durch Spenden gedeckt wurden – noch ein Wunder, mit welchem wir nicht gerechnet hatten.

Schließen möchte ich mit dem Zitat einer Besucherin: Danke für dieses Ostererlebnis! Ich war sehr berührt. Ostergarten in Weißenberg 2019: vom 1.–28.4.

Nächster Ostergarten in Weißenberg: 01.–28.04.2019

Franziska und Christoph Zieschang sind Gemeindepädagogen im Kirchspiel Gröditz.

August 2019 – September 2020

Leinen los!
Neue Welten in der Arbeit mit Älteren entdecken

Qualifizierungskurs für die Seniorenarbeit

BREMISCHE EVANGELISCHE KIRCHE | Fachstelle Alter Evangelisch-Lutherische Kirche in Norddeutschland

*Petra Müller ist Referentin der Fachstelle Alter der Nordkirche im Hauptbereich Frauen und Männer, Jugend und Alter.
In dieser Funktion entwickelte sie 2014 den Qualifizierungskurs „Leinen los!".*

Leinen los!

Qualifizierungskurse für die Arbeit mit Älteren

Petra Müller

Im August 2019 startet ein weiterer Qualifizierungskurs für die Seniorenarbeit. Dann heißt es wieder „Leinen los!". Das bewährte Konzept wird diesmal in Kooperation der Fachstelle Alter der Nordkirche mit der Fachstelle Alter im forum Kirche der Bremischen Evangelischen Kirche durchgeführt.

Herzlich willkommen sind auch Mitarbeitende weiterer Landeskirchen!

Der Kurs „Leinen los!" ist für berufliche Mitarbeitende (Gemeindepädagoginnen und Gemeindepädagogen, Diakoninnen und Diakone, Sozialpädagoginnen und Sozialpädagogen, Pastorinnen und Pastoren u.a.) konzipiert, die entweder einen Schwerpunkt in der Arbeit mit Älteren haben oder aber das Potential der älteren Generationen in ihre gemeindlichen Aufgaben und Handlungsfeldern mit einbeziehen wollen.

Zielsetzung ist die Erweiterung der professionellen Handlungskompetenz in der Arbeit mit älteren und alten Erwachsenen, auch mit dem Fokus, verschiedene Generationen miteinander zu vernetzen. Die erworbene Handlungskompetenz befähigt, im bestehenden Tätigkeitsfeld neue Akzente und Schwerpunkte zu setzen und das Feld der Arbeit mit Älteren bedarfsgerecht zu gestalten.

Im Kontext der demographischen Entwicklung gewinnt die Arbeit mit älteren, alten und hochbetagten Erwachsenen immer mehr an Bedeutung. Weil sich die Lebensphase Alter immer stärker ausdifferenziert, steht es an, neben der traditionellen Seniorenarbeit, die auch weiterhin sehr wichtig ist, angemessene Angebote und Engagementfelder für Menschen in der nachberuflichen Zeit, im sog. dritten Lebensalter, zu entwickeln. Der fundierte und praxisbezogene Qualifizierungskurs zeigt zukunftsfähige Konzepte und konkrete Wege auf, Themen, Fähigkeiten und Bedarfe älterer Menschen und deren je verschiedene Lebenslagen zu erkennen und dementsprechend das eigene professionelle Handeln weiterzuentwickeln. Er basiert auf gerontologischen, sozialwissenschaftlichen, religions- und gemeindepädagogischen und theologischen Erkenntnissen und schafft einen breiten Praxisbezug zum jeweiligen kirchlichen Handlungsfeld.

„Leinen los!" besteht aus fünf zusammenhängenden dreitägigen Modulen. Zwischen den Modulen treffen sich die Teilnehmenden in Regionalgruppen. Zeiten des Selbststudiums dienen der Vertiefung. Während der Fortbildung entwickeln die Teilnehmenden ein Praxisprojekt und führen dieses in ihrem jeweiligen beruflichen Kontext durch. Die Projekte werden verschriftlicht und in einem Reader zusammengefasst. Einblick in die bisher durchgeführten Projekte kann man unter www.senioren.nordkirche.de bekommen, wo die Reader als PDF-Datei eingestellt sind. Nach erfolgreichem Abschluss bekommen die Teilnehmenden ein Zertifikat über eine anerkannte Fortbildung.

Modul 1
28.–30. August 2019 | (Rendsburg)
Älter, alt, hochbetragt –
Die lange Lebensphase Alter als Chance und Herausforderung für Kirche und Gesellschaft

Modul 2
23.–25. Oktober 2019 | (Bremen)
Neue Ansätze in der Arbeit mit Älteren –
Projekte initiieren und Netzwerke knüpfen

Modul 3
15.–17. Januar 2020 | (Rendsburg)
„Mit 66 Jahren, da fängt das Leben an" –
die Generation 60plus heute

Modul 4
22.–24. April 2020 | (Rendsburg)
Leben und wohnen im Alter – Kirchengemeinden als Akteure im Quartier (mit Exkursion einer Wohnanlage und einer Anlaufstelle im Quartier)

Modul 5
17.–19. Juni 2020 | (Bremen)
Sinndeutung im Älterwerden -
Ermutigung zur Auseinandersetzung mit Lebens-, Sinn- und Glaubensfragen

Abschluss
10. September 2020 | (Hamburg)

Me(e)hr dazu – Flyer mit Kontaktdaten und eine ausführliche Kursbeschreibung – finden Sie auf www.senioren.nordkirche.de und www.kirche-bremen.de.

Theologisch
auf den Punkt gebracht:
Das Kreuz

Christopher Zarnow

Was will diese neue Rubrik?
Dogmatik ist ein angestaubtes Wort. Der Sache nach geht es bei dieser theologischen Disziplin allerdings um ein hochaktuelles Thema: Was wollen die großen Ideen, Symbole und Visionen des christlichen Glaubens – wie „Reich Gottes" oder ‚ewiges Leben" – uns heute noch sagen? Immer wieder haben Menschen um ihre Bedeutung gerungen und sie gemäß ihrer eigenen Gegenwart neu ausgelegt. Vor dieser Aufgabe stehen wir auch heute – im Konfirmandenunterricht, beim Vorbereiten von Predigten und Andachten, im theologischen Gespräch mit anderen über unser ganz persönliches Glaubensverständnis. Die neue Rubrik „Theologisch auf den Punkt gebracht' will Anregungen zu diesem Gespräch und zur theologischen Selbstbildung geben. In jeder Ausgabe der PGP wird ein zentrales Glaubenssymbol aufgegriffen und auf seine religiöse Bedeutung hin befragt.

Das Kreuz

Von einer ganzen Salve von Schüssen durchsiebt, sinkt er nieder. Er fällt mit dem Rücken auf einen Grünstreifen neben dem Asphalt, die Arme weit von sich gestreckt. Ein roter Blutstrom fließt über seine geöffnete Handfläche, in der das Feuerzeug liegt, nach dem er als letztes gegriffen hatte. Die Kamera zoomt himmelwärts und gibt den Blick auf eine in schwarz-grünen Farbtönen gehaltene, fast wie ein barockes Stillleben arrangierte Szenerie frei, die durch das orangene und blaue Licht der Einsatzfahrzeuge überblendet wird. Sanfte Klaviermusik ertönt, leise, friedlich. Es ist vollbracht.

Die geschilderte Szene aus der Schluss-Sequenz des 2008 erschienen Films „Gran Torino" von und mit Clint Eastwood verdeutlicht auf eindrucksvolle Weise, wie tief sich die Spuren der christlichen Kreuzessymbolik in unsere Kultur hineingegraben haben. Wie eine düstere Version des christlichen Messias liegt der Held am Ende auf dem Boden, sein Körper ausgestreckt in Form eines Kruzifixes, die Hände zeigen rote Wundmale. Der Protagonist des Films, Walt Kowalski (Clint Eastwood), war zu Lebzeiten alles andere als ein Menschenfreund. Am Ende gibt der Todkranke dennoch sein Leben, um das eines Jungen zu retten: Die Todesschützen werden hinter Schloss und Riegel gebracht und stellen von nun an keine Gefahr mehr für den Jungen und seine bedrohte Familie dar. Ein stellvertretender Opfer-Tod im wahrsten Sinne des Wortes, oder mit den Worten des Johannes-Evangeliums: „Niemand hat größere Liebe als die, dass er sein Leben lässt für seine Freunde" (Joh 15,13).

Die Rezeption der Kreuzessymbolik in der gegenwärtigen Kultur und Kirche ist durch eine tiefe Spannung gekennzeichnet. Auf der einen Seite stehen kreative und künstlerische, teils emotional tiefschürfende, teils auch verstörende Anknüpfungen an das Symbol des Kreuzes. Es ist ein beliebtes Motiv und ein immer wieder aufgesuchter Referenzpunkt für Bildhauerinnen, Maler, Musikerinnen und Filmemacher. Was hingegen den eigentlich religiösen Sinn des Kreuzes angeht, darüber scheint unter gegenwärtigen Christenmenschen über weite Strecken Rat- und Sprachlosigkeit zu herrschen. Sicher: Das Kreuz gilt als Erkennungszeichen, als „Label" des Christentums. Es versinnbildlicht den gewaltsamen Tod Jesu von Nazareth. Dass es darüber hinaus auch eine existenzielle Bedeutung für den persönlichen Glauben besitzt, kann allerdings nicht selbstverständlich vorausgesetzt werden. In einem Gesprächskreis formuliert es eine Frau mittleren Alters (die zur „Kerngemeinde" gehört) so: „Mit dem Christentum, seinen Werten, der Nächstenliebe und Solidarität mit den Schwachen, kann ich viel anfangen. Völlig fremd ist mir allerdings die Vorstellung eines Gottes, der seinen eigenen Sohn töten muss, um mich zu retten."

Die Geschichte des christlichen Denkens hat unterschiedlichste Interpretationen des Kreuzes hervorgebracht. Schon ganz am Anfang, in der neutestamentlichen Überlieferung, finden wir nicht „die" eine Deutung, sondern eine Viel- ➔

zahl von tastenden Versuchen, dem gewaltsamen Kreuzestod Jesu im Rückblick auf sein Leben und Sterben einen Sinn abzuringen. Wenn Jesus tatsächlich der von Gott gesandte Messias sein sollte, dann durfte auch sein Tod nicht sinnlos gewesen sein – davon waren die ersten Christinnen und Christen überzeugt. Vielmehr muss irgendeine tiefere Bedeutung in seinem Schicksal gelegen haben. Aber worin genau bestand diese Bedeutung? Man versuchte sie im Rückgriff auf alte Prophetenworte zu finden. Hatte nicht bereits Jesaja von einem leidenden Gottesknecht gesprochen (Jes 53,2-12)? Unterschiedlichste Deutungsmuster und Analogien aus der zeitgenössischen Religions- und Kulturgeschichte – u.a. das Motiv der Stellvertretung, des Heldentodes oder auch des Auslösens eines Sklaven durch ein zu entrichtendes Lösegeld – wurden herangezogen, immer mit dem Ziel, einen tieferen Sinn in dem auf den ersten Blick Sinnlosen des Todes Jesu zu erkennen.

Im weiteren Verlauf der Theologiegeschichte wurde dann besonders ein Interpretationsversuch bedeutsam, der das kirchlich-theologische Verständnis des Kreuzes bis auf den heutigen Tag maßgeblich bestimmt hat. Der Vater der mittelalterlichen Schultheologie, Anselm von Canterbury (1033–1109), hat ihn unter Bezugnahme auf biblische Motive in seiner Schrift Cur Deus Homo (Warum Gott Mensch werden musste) formuliert. Anselm versteht darin den Tod des Gottessohnes als eine Wiedergutmachungsleistung für die Sündenschuld der Menschheit. Sollen Ordnung und Gerechtigkeit im Kosmos herrschen, dann verdienen die Menschen für die Frevel ihrer Sünden nichts anderes als die Vernichtung des ganzen Menschengeschlechts. Diesem Schicksal könnten sie nur entgehen, wenn sie Gott gegenüber eine angemessene Wiedergutmachungsleistung erbringen. Dazu sind sie als Menschen aber gar nicht in der Lage. Die verdiente Strafe kann nur dadurch abgewendet werden, dass sie ein anderer stellvertretend für sie erbringt – ein Gott-Mensch. Dieser leistet durch den freiwillig auf sich genommenen Tod die Schuld der Menschen ab. „Christi du Lamm Gottes, der du trägst

die Sünd der Welt" – dieses auf Joh 1,29 zurückgehende Motiv der Abendmahlsliturgie ist gleichsam die Kurzfassung der Anselm'schen Kreuzesdeutung.

Bis auf den heutigen Tag ist die Deutung des Todes Jesu als eines stellvertretenden Opfertodes weit verbreitet. Allerdings ist sie auch nicht unwidersprochen geblieben. Nur zwei der wichtigsten Einwände will ich hier benennen. Der erste Kritikpunkt richtet sich gegen Anselms Gottesbild. Wieso soll es Gott nicht möglich sein, den Menschen zu vergeben, auch ohne im Gegenzug Satisfaktion zu fordern – zudem Jesus im Evangelium selbst dazu aufruft, anderen zu vergeben, ohne auf Vergeltung zu drängen? Wie kann Gott solches von seinen Geschöpfen fordern und selbst dazu nicht in der Lage sein? Anselm zeichnet das Bild Gottes als eines mittelalterlichen Feudalherren, dessen Ehre es unter allen Umständen zu verteidigen gilt. Dieses Bild ist nur denkbar weit entfernt von Jesu Anrufung Gottes als eines fürsorglichen Vaters im Himmel.

Der zweite Kritikpunkt ist von dem Königsberger Philosophen Immanuel Kant auf den Begriff gebracht worden und betrifft den Gedanken der Stellvertretung, der Anselms Argument zugrunde liegt. Schuld ist nach Kant überhaupt kein übertragbares Phänomen. Am Beispiel des schlechten Gewissens kann man sich das leicht klar machen: Schlechtes Gewissen gibt es nur im Selbstverhältnis. Es wäre absurd zu sagen: „Ich habe ein schlechtes Gewissen – könntest du das bitte für mich übernehmen?" Stellvertretung kann es – wenn überhaupt – nur für die Straffolgen geben, die aus einer verschuldeten Tat resultieren, niemals aber für die Schuldhaftung als solche.

Trotz dieser schwerwiegenden Kritikpunkte ist wichtig zu sehen, dass die Deutung von Jesu Tod als stellvertretendem Opfertod für viele Menschen bis auf den heutigen Tag etwas zutiefst Tröstliches haben kann. Den Texten vieler Passionslieder würden wohl nur die wenigsten ungebrochene Zustimmung zuteil werden lassen. Aber gesungen erträgt, ja versteht man möglicherweise auf eine emotio-

nale Art, was vordergründig auf intellektuelle Ablehnung stößt. Gerade in schweren Lebenssituationen kann vom Bild des am Kreuz stellvertretend leidenden „Marter-Mannes" ein tiefer Trost ausgehen. Die Bilder und Lieder der Passion Christi können in ihrer seelsorgerlichen Bedeutung für viele Menschen kaum überschätzt werden. Dass sich Gott mit dem Leidenden „identifiziert", kann Kraft in eigenen Leidenszeiten geben.

Auch für die Reformatoren und unter ihnen besonders für Martin Luther war das Bild des gekreuzigten Christus von großer spiritueller Bedeutung. Dieses Bild soll man sich „vor Augen malen", um sich der Errettung der eigenen Seele zu vergewissern. Die reformatorische Kreuzes-Theologie bewegte sich zunächst ganz in den Bahnen, die durch Anselm vorgezeichnet waren: „Ebenso wird gelehrt, daß Gott, der Sohn, Mensch geworden ist, [...] daß er ein Opfer nicht allein für die Erbsünde, sondern auch für alle anderen Sünden war", heißt es im dritten Artikel des Augsburger Bekenntnisses. Daneben bekommt das Kreuz in der Theologie Luthers aber noch einmal eine andere theologische Bedeutung: Es wird zum Dreh- und Angelpunkt der eigentlichen Offenbarungslehre. Am Kreuz zeigt sich Gott, indem er sich in seiner Gottheit verbirgt. Auf das Leben übertragen heißt das: Gott ist nicht da zu finden, wo man seine Gegenwart gleichsam unmittelbar am eigenen Lebensglück oder Wohlergehen ablesen kann. Er will vielmehr wider den Augenschein gefunden werden, in einer verborgenen Tiefe des Daseins. Gott ist da, auch und gerade wo er sich vordergründig zu entziehen scheint – das ist der entscheidende Gedanke von Luthers Kreuzestheologie.

Alle großen Symbole des Christentums haben eine reiche Auslegungsgeschichte hervorgebracht – das gilt auch und in besonderer Weise für das Kreuz. Im Verlauf der Christentumsgeschichte lagern sich kontrastierende, gegensätzliche, ja paradoxe Bestimmungen in seinen Symbolgehalt hinein. Es wird als Ausdruck einer geheimnisvollen Spannungseinheit von Leben und Tod, Erlösung und Verdammnis, Befreiung und Aufopferung, Präsenz und Verborgenheit gedeutet. Das Kreuz steht für einen Bruch in der Herzkammer des Glaubens. Der christliche Gott will gefunden werden, wo man ihn „auf den ersten Blick" nicht suchen würde. Die beiden großen christlichen Feiertage des Kirchenjahres, Weihnachten und Kar-Freitag, bringen das in unüberbietbarer Weise zum Ausdruck: Der Schöpfer des Welt-Alls will im Kind, der Retter der Menschheit im Sterbenden angeschaut werden. Das Große offenbart sich im Kleinen, das Heil verbirgt sich im Scheitern. Gott kommt den Menschen nah – aber nicht als übermenschliche Macht, sondern in den Gründen und Abgründen ihrer Menschlichkeit. Der christliche Glaube ist ein gebrochener Glaube. Darin liegt seine Wahrhaftigkeit und Tiefe, dadurch bauen sich aber auch Hürden nicht nur des Verstehens, sondern auch des Herzens auf. Die Wahrheit des Kreuzes kann nicht mit klugen Worten „ergründet" werden. Sie verleiht dem Hinfälligen, Fragmentarischen, Unvollendeten Würde – denn gerade darin will der Ewige erkannt sein.

Christopher Zarnow ist Professor für Systematische Theologie an der Evangelischen Hochschule Berlin.

Methodenbox: Zukunftswerkstatt

Bernd Neukirch

Zukunftswerkstätten sind auf der Suche nach neuen Lösungsideen für gesellschaftliche Probleme entstanden. Entscheider sollten aus der Perspektive Betroffener beraten werden, um gesellschaftlicher Zustände im ökologischen und sozialen Bereich zu verbessern. „Mit Phantasie gegen Routine und Resignation" haben die Entwickler R. Jungk und N. R. Müllert 1981 ihre Veröffentlichung untertitelt – bis heute der literarische Klassiker.

Zukunftswerkstätten werden immer moderiert von einer Person, die sich nicht inhaltlich beteiligt. Moderatoren hüten den Werkstattprozess mit seinen Regeln. Es gibt für sie eine Abfolge von Schritten mit den Hauptphasen Kritik, Fantasie und Verwirklichung.

Alles beginnt mit der **Vorbereitung** der Veranstaltung:

- Die richtigen Teilnehmer identifizieren (Welche Perspektiven sind für das Thema wichtig?)
- Die richtige Überschrift für die Veranstaltung formulieren (Welches ist die wichtigste Frage?)
- Die Weiterarbeit mit den Ergebnissen der Zukunftswerkstatt verabreden. (Wer sorgt wie dafür, was mit den Ergebnissen passiert? Wie werden diese dokumentiert? An wen werden sie kommuniziert?)

In der **Einstiegsphase** stellen sich die Anwesenden, ggf. methodisch angeleitet, einander vor. Der Moderator erläutert kurz die Zielsetzung, stellt die Phasen der Zukunftswerkstatt vor und erklärt ihre *Spielregeln*. Diese sind im besten Fall optisch während der ganzen Veranstaltung präsent.

Inhaltlich startet die Zukunftswerkstatt mit der **Kritikphase**. Der Moderator leitet ein und regt die Teilnehmer an, mit allem herauszurücken, was ihnen auf dem Herzen liegt, so präzise wie möglich formuliert. Die Punkte werden festgehalten, sichtbar gesammelt und dann in Clustern gruppiert. Anschließend wählen die Teilnehmer, z.B. durch Verteilen von Klebepunkten, die für sie wichtigsten Themenbereiche

aus. So werden selbstwirksam Schwerpunktthemen verabredet, die anschließend in der Fantasiephase weiter bearbeitet werden.

Die Teilnehmer werden zu Beginn der **Fantasiephase** durch den Moderator ermuntert, ihrer Fantasie freien Lauf zu lassen. Sie sollen in Stichworten möglichst kreative Vorschläge für die Veränderung der Ausgangsproblematik skizzieren. Dabei ist es wichtig, alle wirtschaftlichen, politischen und sozialen Zwänge loszulassen. Es gibt keine Denkverbote. Alle Beiträge haben den gleichen Wert und werden ebenfalls in Stichworten plakativ festgehalten. Sie dürfen nicht kritisiert werden. Am Ende erfolgt das Zusammenführen der Beiträge zu Clustern. Mit Blick auf die Weiterarbeit verteilen die Teilnehmer danach erneut Wichtig-Punkte. Dadurch ergibt sich wieder aus der Gruppe selbst heraus eine Bedeutungsrangfolge.

In der **Verwirklichungsphase** werden die Vorschläge mit den Realitäten zusammengebracht. Welche Schwierigkeiten gibt es, die Ideen/Fantasien in die Tat umzusetzen? Wo müssen sie anders angepasst werden? Wo besteht die Notwendigkeit, ggf. äußere Bedingungen zu verändern, damit die Zukunftsentwürfe Wirklichkeit werden? Auch jetzt ist Kreativität nötig, um möglichst Erfolg versprechende Wege zur Verwirklichung zu finden. Veränderungsschritte müssen konkretisiert werden. Was für Maßnahmen sollen ergriffen werden? Wer sind eventuelle Kooperationspartner o.ä.? Konkretisierung bedingt die spätere Umsetzung. Die Verwirklichungsphase ist der Abschluss der Veranstaltung.

An die Verwirklichungsphase sollte eine **Nachbereitung** anschließen, wie in der Vorbereitung verabredet, damit das umsetzbare Erarbeitete Wirklichkeit werden kann. Das macht die Arbeit mit Zukunftswerkstätten sinnvoll und befriedigend.

Literatur:

Jungk, Robert/Müllert, Norbert R., Zukunftswerkstätten. Mit Phantasie gegen Routine und Resignation, Heyne: München 1981.

http://methodenpool.uni-koeln.de/download/zukunftswerkstatt.pdf

Bernd Neukirch ist in der Gemeindeberatung und Organisationsentwicklung beim Amt für kirchliche Dienste in Berlin tätig.

Medientipps

Claudia Brand

Jeder kennt das Gefühl kaum Zeit mehr zu haben – nicht im Beruf, nicht für die Familie oder die Hobbys. Filmemacher Florian Opitz machte sich bereits 2012 auf die Suche nach der anscheinend abhandengekommen Zeit und begegnet in seiner Dokumentation **Speed – Auf der Suche nach der verlorenen Zeit** einerseits Menschen, die immer weiter

versuchen, mit neuen Technologien die Zeiteffizienz voranzutreiben und andererseits Menschen, die bewusst Abstand nehmen von einer zunehmenden Beschleunigung. Ein anregender Film über die Perspektiven von Zeit, über die Dinge, die uns wichtig sind, und darüber, wie wir eigentlich leben wollen.

Donkey hat einen cholerischen Chef und keine Freude mehr an seiner Arbeit. Eines Tages ist ihm alles zu viel und er entflieht aufs Land. Der kurze Animationsfilm (6 Min.) von Louise Bagnall aus dem Jahr 2009 hält keine großen Überraschungen bereit. Da man sich jedoch nur zu gut mit dem Esel identifizieren kann, eignet er sich als Gesprächseinstieg u.a. zu den Themen Arbeit/Schule, Leistungsdruck, Burnout, Selbstbestimmtheit und

den Sinn des Lebens in der Arbeit mit unterschiedlichen Zielgruppen.

Zu einer Leistungsgesellschaft gehört auch ein Bildungssystem, welches auf Leistung angelegt ist. Lehrpläne geben vor, wer was und wann zu lernen hat. Wettbewerb und Kontrolle soll Schüler vergleichbar machen. Die jedem Kind von Geburt an gegebene Kreativität und intrinsische Lernmotivation ersterben in diesem auf Angst ausgelegten System jedoch. Erwin Wagenhofer zeigt in seinem

Film **Alphabet – Angst oder Liebe** aus dem Jahr 2013 diese Entwicklung und plädiert für eine liebevolle und am Individuum ausgerichtete Bildung. Ein Film, den man (nicht nur) als Pädagoge gesehen haben sollte und zu dem ganz sicher jeder eine Meinung hat.

Cyril Dion und Melanie Laurent wollten sich nicht damit abfinden, dass es mit unserer Gesellschaft und dem Zustand unserer Erde immer weiter bergab geht. In Ihrem Film **Tomorrow – Die Welt ist voller Lösungen** begaben Sie sich 2015 auf eine Reise um die Welt und besuchten Menschen und Projekte, die sich für einen zukunftsfähigen Umgang miteinander und mit unserer Umwelt einsetzen. Besonders inspirierend für

Pädagogen: Die Kirkkojarvi Gesamtschule in Espoo, Finnland. Aber auch die anderen vorgestellten Initiativen bieten Lösungen für die drängenden Probleme unserer Zeit und regen zum Nachmachen (vielleicht in der eigenen Gemeinde) an.

In **Region im Aufbruch – Sieben Stationen einer missionarischen Entdeckungsreise** zeigt Matthias Kindler 2013 im Auftrag des EKD-Zentrums für Mission in der Region ungewöhnliche kirchliche Projekte in Kirchenkreisen und Gemeinden. Kommentiert werden die Projekte von Prof. Dr. Michael Herbst, Leiter des Instituts zur Erforschung von Evangelisation und Gemeindeentwicklung an der Uni Greifswald.

Die sieben Beispiele demonstrieren, wie bunt und vielfältig gemeindliche Arbeit abseits der Tradition aussehen kann und sollen dazuermutigen, eigene Visionen mit dem Team und der Gemeinde umzusetzen.

Um Ideen und Zukunftsvisionen zu entspinnen, eignen sich die Gesprächskarten aus der Serie TalkBox. Die Karten der **TalkBox Vol. 11 – Für Teams. Kommunikation, Motivation, Teamgeist** (ISBN 978-3761563120) lassen sich nicht nur bei Teamsitzungen, Klausuren und

Konventen gewinnbringend und niederschwellig einsetzen, sondern können auch beim gemütlichen Beisammensein als Gesprächsimpulse dienen.

Claudia Brand ist Medienpädagogin und leitet das Medienzentrum der Evangelischen Kirche in Mitteldeutschland (EKM).

Buchtipps für die gemeindliche Praxis

Petra Müller

Wir sprechen von der Finanz- und Relevanzkrise der Kirche. Der Mitgliederschwund in den Kirchen lässt uns ratlos zurück. Die Letzten machen das Licht aus. Wir jammern, dass nur alte Leute die Gottesdienste besuchen. Mitarbeitende sind frustriert. **Ralf Kötter** behauptet das Gegenteil. Der Kirche böten sich unter den Bedingungen unserer Zeit verheißungsvolle Chancen zum leidenschaftlichen Aufbruch. Wie er das in  seinen Gemeinden im Wittgensteiner Land umgesetzt hat, führt er in seinem Buch **„Das Land ist hell und weit"** – und in seinen Vorträgen – sehr eindrucksvoll aus. Er wartete nicht, dass sich die Kirchen wieder von alleine füllen würden, sondern wirkt als Kirche in die Gesellschaft hinein. Aus dieser Außenperspektive hat die Gemeinde ein Stück des inneren Kernes dessen wiederentdeckt, was eine christliche Gemeinde inspiriert und bewegt, motiviert und ihr Orientierung schenken kann. Er entwickelt in seinen Ausführungen auch theologische Grundlagen eines gemeinwesenorientierten Gemeindeaufbaus aller Generationen. An diesen Erfahrungen – an diesem Buch – sollte keiner vorbeigehen; denn sie machen Mut und Hoffnung und zeigen, was alles möglich ist, wenn …
EB-Verlag, Berlin 2015, 254 Seiten
broschiert, ISBN 978-3-86893-147-1, € 22,80

Wie ticken heute die Menschen um die 30: die sogenannte Generation Y? Woran glauben sie? Worauf setzen sie ihre Hoffnung? Was beflügelt sie? Was inspiriert sie? Welche Ängste haben sie? Wie erlebt diese vernetzte Generation die alteingesessene Kirche? Das beschreiben **Stephanie Schwenkenbecher** und **Hannes Leitlein**, die selber dieser Generation angehören, in ihrem Buch **„Generation Y"**. Fast 200 Gespräche mit Menschen, die so alt sind wie sie, 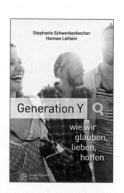 haben sie geführt. Ausgangspunkt für das Buch war die Untersuchung „Warum ich nicht mehr glaube". Nun wollten die Autoren herausfinden, wie diese Generation Glauben mit Alltag verbindet. Neun Portraits werden gezeichnet und nehmen den Leser mit hinein in deren Lebenssituation, Lebensgefühl und in ihre Hoffnungen und Ängste. In einem zweiten Teil werden einige christliche Netzwerke der Generation Y vorgestellt. Zu guter Letzt haben die Autoren noch nach Menschen anderer Generationen Ausschau gehalten, die eine Reflexionsfläche für das Verstehen der jungen Generation geben – und sind so auf Christina Brudereck und Fulbert Steffensky gestoßen.
Neukirchener Verlagsgesellschaft mbH, Neukirchen Vluyn
2017, 230 Seiten, broschiert, ISBN 978-3-7615-6268-0, € 16,00

Das kleine Methoden-Handbuch **„methodenstark"** für die Jugend- und Erwachsenenarbeit zeigt, wie Themen vermittelt und Prozesse kreativ gestaltet werden können – in einem Kurs, einem Seminar oder mit einem Leitungsteam. Über 100 Methoden für die Gruppenarbeit hat das Autorenteam dank prägnanter Erklärungen und pointierter Illustrationen verständlich zusammengestellt. Sie sind nach 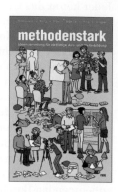 den vier Phasen einer Vermittlungs- und Aneignungssequenz eingeteilt: stimmige Einführung, angeregte Wissensvermittlung, vertiefende Wissenssicherung und nachhaltige Auswertung und Ergebnissicherung. Piktogramme zeigen auf einen Blick die Einsatzmöglichkeit der einzelnen Methoden, in der Teamarbeit wie bei Fortbildungen oder Seminaren mit Jugendlichen und Erwachsenen. Herausgeber ist der zweitgrößte Kinder- und Jugendverband der Schweiz. Die Autorengruppe besteht aus diplomierten Pädagoginnen und Leitenden mit langjähriger Kurserfahrung.
rex verlag, Luzern 2015, 160 Seiten
broschiert, ISBN 978-3-7252-0980-4, € 18,90

Der Pfarrer geht auf die Kanzel, der Narr steigt in die Bütt. Und Paulus schreibt im 1. Brief an die Korinther: „Wir sind Narren um Christi willen." Warum also soll der Karneval nicht auch Einzug in die Kirche halten? Sicherlich sind die Katholiken darin offener und geübter als die Evangelischen. So finden vielerorts – und nicht nur im Rheinland – zur Faschingszeit Familiengottesdienste mit karnevalistischen Einlagen und Tönen statt. Am  Faschingssonntag werden mancherorts „Büttenpredigten" mit humorvollen Einlagen gehalten oder in Versen kunstvoll vorgetragen. Klostergemeinschaften sparen am Faschingsdienstag nicht an Späßen. In der Kirche braucht es immer wieder auch einen Narren, der humorvoll den Menschen und seiner Kirche den Spiegel vors Gesicht hält. Wer sich inspirieren lassen will, findet reichlich Anregungen in dem Buch von **Heinrich Bücker „Halleluja und Helau"**. Alle dort abgedruckten Predigten sind im Versmaß gehalten.
Verlag Friedrich Pustet, Regensburg, 2012, 112 Seiten
broschiert, ISBN 978-3-7917-2421-8, € 12,95

Info und Personen

Lebhaft Glauben – Religiöse Bildung mit Kindern

Uwe Hahn

Mit welchem Lebensalter beginnt die Jugend? Welche spezifischen Zielgruppen identifiziert die Jugendarbeit für sich? Auf diese Fragen gab es in der Vergangenheit klare, aber begrenzte Antworten. In den letzten Jahren weitete sich der Blick der Jugendarbeit auch auf die Zielgruppe Kinder. Das bedeutet nicht, die Zielgruppe der Jugendlichen ist für die Jugendarbeit nicht mehr interessant. Es zeigt eher, die Übergänge zwischen Kindheit und Jugend verschwimmen, und bei der Fülle an Angeboten sollte früh eine Verbindung zwischen Zielgruppe und Anbieter aufgebaut werden. Dieses gegenseitige Kennen fordert aber auch eine Fülle an altersspezifischen Angeboten und eine Zusammenarbeit der jeweiligen Player. Dieses Öffnen der Jugendarbeit in die Arbeit mit Kindern ist nicht unumstritten.

Innerhalb der Arbeitsgemeinschaft der Evangelischen Jugend in Deutschland e.V. gibt es Fachkreise, die sich unterschiedlichen Arbeitsfeldern widmen. Der Arbeitskreis Arbeit mit Kindern hat nun ein Positionspapier zum Thema „Religiöse Bildung mit Kindern" verfasst. Vertreterinnen und Vertreter der Landeskirchen, Freikirchen und Verbänden pflegen in diesem Arbeitskreis einen intensiven Austausch über die Arbeit mit Kindern, filtern Themen heraus und gestalten Fachtage dazu. Themen für Fachtage waren z.B. Beteiligung und Kinderarmut.

Das vorliegende Papier ist seit 2016 entstanden und resultiert aus einem Prozess der Verständigung über Begriffe, Inhalte und Ziele in der Arbeit mit Kindern.

Im Positionspapier heißt es: „In der Evangelischen Arbeit mit Kindern werden u.a. Lebensgeschichten der Bibel erzählt, Lieder gesungen, Gebete gesprochen und Gottesdienste gefeiert und sind integraler Bestandteil von Kirchgemeinden. Sie werden in ihren jeweiligen Lebenslagen und mit ihren Bedürfnissen und Sehnsüchten ernst genommen. Kinder erleben evangelisches Christsein als Hilfe zum Leben."

Es ist zu wünschen, dass dieses Papier gelesen und diskutiert wird. Sie finden es unter:

https://bit.ly/2CCsol2

IMPRESSUM

PRAXIS GEMEINDEPÄDAGOGIK (PGP)

ehemals »Christenlehre/Religionsunterricht–PRAXIS«
ehemals »Die Christenlehre«

72. Jahrgang 2019, Heft 1

Herausgeber:
Amt für kirchliche Dienste in der Evangelischen Kirche
Berlin-Brandenburg-schlesische Oberlausitz
Pädagogisch-Theologisches Institut der Nordkirche
Theologisch-Pädagogisches Institut der
Evangelisch-Lutherischen Landeskirche Sachsens
Pädagogisch-Theologisches Institut der Evangelischen Kirche in
Mitteldeutschland und der Evangelischen Landeskirche Anhalts

Anschrift der Redaktion:
Dr. Lars Charbonnier, c/o Evangelische Verlagsanstalt GmbH,
»PGP-Redaktion«, Blumenstraße 76, 04155 Leipzig,
E-Mail ‹redaktion@praxis-gemeindepaedagogik.de›

Redaktionskreis:
Thomas Böhme, Comenius-Institut, Schreiberstraße 12, 48149 Münster
Dr. Lars Charbonnier, Führungsakademie für Kirche und Diakonie,
Haus der EKD, Charlottenstraße 53/54,10117 Berlin
Uwe Hahn, Theologisch-Pädagogisches Institut Sachsen,
Bahnhofstraße 9, 04168 Moritzburg
Petra Müller, Fachstelle Alter der Ev.-Luth. Kirche
in Norddeutschland, Gartenstraße 20, 24103 Kiel
Dorothee Schneider, PTI der Ev. Kirche in Mitteldeutschland und der
Landeskirche Anhalts, Zinzendorfplatz 3, 99192 Neudietendorf
Jeremias Treu, Theologisch-Pädagogisches Institut
Sachsen, Bahnhofstraße 9, 04168 Moritzburg
Christine Ursel, Diakonisches Werk Bayern – Diakonie.Kolleg.,
Pirckheimerstraße 6, 90408 Nürnberg
Redaktionsassistenz: Sina Dietl, Evangelische Verlagsanstalt GmbH

Verlag: EVANGELISCHE VERLAGSANSTALT GmbH,
Blumenstraße 76, 04155 Leipzig, www.eva-leipzig.de
Geschäftsführung: Sebastian Knöfel

Gestaltung/Satz: Kai-Michael Gustmann,
Evangelisches Medienhaus GmbH

Druck: Druckerei Böhlau, Ranftsche Gasse 14, 04103 Leipzig

Anzeigen: Evangelisches Medienhaus GmbH,
Rainer Ott · PF 1224, 76758 Rülzheim, Tel. (0 72 72) 91 93 19,
Fax (0 72 72) 91 93 20, E-Mail ‹ott@ottmedia.com›
Es gilt die Anzeigenpreisliste Nr. 12 vom 1.1.2019

Abo-Service: Christine Herrmann, Evangelisches Medienhaus GmbH, Telefon (03 41) 7 11 41 22, Fax (03 41) 7 11 41 50,
E-Mail ‹herrmann@emh-leipzig.de›

Zahlung mit Bankeinzug: Ein erteiltes Lastschriftmandat (früher
Einzugsermächtigung genannt) bewirkt, dass der fällige Abo-Beitrag
jeweils im ersten Monat des Berechnungszeitraums, in der letzten
Woche, von Ihrem Bankkonto abgebucht wird. Deshalb bitte jede Ände-
rung Ihrer Bankverbindung dem Abo-Service mitteilen. Die Gläubiger-
Identifikationsnummer im Abbuchungstext auf dem Kontoauszug zeigt,
wer abbucht – hier das Evangelische Medienhaus GmbH als
Abo-Service der PRAXIS GEMEINDEPÄDAGOGIK.
Gläubiger-Identifikationsnummer: DE03EMH00000022516

Bezugsbedingungen: Erscheinungsweise viermal jährlich, jeweils
im ersten Monat des Quartals. Das Jahresabonnement umfasst die
Lieferung von vier Heften sowie den Zugriff für den Download der
kompletten Hefte ab 01/2005. Das Abonnement verlängert sich um
ein Kalenderjahr, wenn bis 1. Dezember des Vorjahres keine
Abbestellung vorliegt.

**Bitte Abo-Anschrift prüfen und
jede Änderung dem Abo-Service mitteilen.
Die Post sendet Zeitschriften nicht nach.**

ISSN 1860-6946
ISBN 978-3-374-05896-9

Preise:
Jahresabonnement* (inkl. Zustellung):
    Privat: Inland € 40,00 (inkl. MwSt.),
              Ausland € 50,00 (exkl. MwSt.);
Institutionen: Inland € 48,00 (inkl. MwSt.),
              Ausland € 58,00 (exkl. MwSt.);
Rabatte – gegen jährlichen Nachweis:
Studenten 35 Prozent; Vikare 20 Prozent;
Einzelheft (zuzüglich Zustellung): € 14,00 (inkl. MwSt.)
        * Stand 01.01.2018, Preisänderungen vorbehalten

Unsere nächste PGP-Ausgabe erscheint im Mai 2019.

LEBhaft glauben
Religiöse Bildung mit Kindern

♂ aej Arbeitsgemeinschaft der Evangelischen Jugend
in Deutschland e.V.

Fachkreis Arbeit mit Kindern

Durch ihre konzentrierte Form und Verständlichkeit ragen die Katechismen unter den Bekenntnisschriften heraus. Die Reformatoren sagten gern, sie seien eine „Laienbibel, in der alles zusammengefasst ist, von dem die Heilige Schrift ausführlich handelt". Eine solche Laienbibel will auch dieser Katechismus sein, indem er umfassend und lebensnah die Hauptpunkte des christlichen Glaubens darstellt. Das geschieht in zehn Themenkomplexen mit insgesamt 174 Fragen und Antworten.

Der Katechismus ist für Erwachsene gedacht, die für sich selbst Klarheit gewinnen wollen, vor allem aber auch für Gemeinde- und Religionspädagogen. Wilfried Härle, der für seine Begabung zur Elementarisierung bekannte Systematiker, legt hier einen Grundlagentext vor, der in der gemeinde- und religionspädagogischen Arbeit ab sofort eine wichtige Rolle spielen wird.

Nach evangelischem Verständnis ist jeder Gottesdienst eine öffentliche Veranstaltung. Bei den in diesem Band sorgfältig aufbereiteten Liturgievorschlägen und ausgeführten Predigten ist die Öffentlichkeit jedoch nicht nur Ort und Adressat, sondern wird selbst zum Thema. Wie können wir angesichts von Terroranschlägen, Unglücksfällen oder Bestattungen prominenter Persönlichkeiten Worte und Gebete finden? Wie lässt sich umgekehrt mit positiven Emotionen umgehen, im Karneval und bei Einweihungen oder Jubiläen? Wie können wir angemessen unserer (jüngeren) Geschichte gedenken, mit ihren Schatten, aber auch mit ihrem Glanz?

Der Blick auf Liturgien an der Schnittstelle von Kirche, Gesellschaft und Politik lohnt sich. Denn Kirche hat zu solchen Anlässen und an diesen Orten viel beizutragen – sprachlich, musikalisch, rituell.

Wilfried Härle in Verbindung mit Klaus Engelhardt, Gottfried Gerner-Wolfhard und Thomas Schalla

Worauf es ankommt

Ein Katechismus
Mit einem Geleitwort von Christian Schad

2. Auflage 2018
112 Seiten I 13,5 x 19 cm
zahlr. farb. Abb.
Paperback mit Spotlackierung
ISBN 978-3-374-05324-7   8,00 EUR [D]

Jochen Arnold I Eckhard Gorka I Michael Meyer-Blanck I Frank Peters (Hrsg.)

Öffentliche Liturgien

Gottesdienste und Rituale im gesellschaftlichen Kontext
gemeinsam gottesdienst gestalten (ggg), Band 30

224 Seiten I 12,5 x 20,5 cm
Hardcover
ISBN 978-3-374-05624-8   25,00 EUR [D]

 EVANGELISCHE VERLAGSANSTALT
Leipzig   www.eva-leipzig.de   facebook.com/eva.leipzig

Bestelltelefon 03 41 / 7 11 41 16 I Fax 03 41 / 7 11 41 50 I shop@eva-leipzig.de

Thomas Schlag, Jasmine Suhner (Hg.): **Theologie als Herausforderung religiöser Bildung.** Bildungstheoretische Orientierungen zur Theologizität der Religionspädagogik, Religionspädagogik innovativ 17, Stuttgart: Kohlhammer 2017, 192 S., paperback, ISBN: 978-3-17-031475-7, EUR 35,00

Der Religionspädagoge Thomas Schlag und seine Assistentin Jasmine Suhner legen mit diesem Band Vorträge einer ökumenischen Fachkonsultation vor. Im Mittelpunkt steht die Frage, inwiefern inmitten der aktuellen religionspädagogischen Diskurse die Theologizität eine relevante, vielleicht sogar innovative Rolle spielen kann.

Friedrich Schweitzer und Rudolf Englert widmen sich eingangs der Leitthematik unter der Überschrift „Das Theologische der Religionspädagogik. Grundfragen und Herausforderungen". Englert beantwortet die Frage nach der Theologizität als neuer Leitkategorie deshalb negativ, weil sie aus seiner Sicht eine alte, konstitutive Perspektive der Religionspädagogik darstellt. Das teilt auch Schweitzer im Grundsatz, er differenziert hier aber auf die aktuelle Situation und die interdisziplinären Diskurse und erarbeitet Herausforderungen, in denen der Theologizität eine neue Rolle und Bedeutung zukommen sollte.

Die historischen und systematischen Rekonstruktionen stehen im Mittelpunkt der Beiträge von Bernhard Grümme und Martin Rothgangel, wobei ersterer einen anthropologischen Schwerpunkt setzt und bildungspolitische Debatten in seine Überlegungen einbezieht. Theologische Bildung als Bildung zur Sprachfähigkeit erörtern in ihren Aufsätzen Martina Kumlehn in theologisch-hermeneutischer Perspektive und Henrik Simojoki unter Rekurs auf historische und systematische Verortungen. Den Zusammenhang von Theologizität, Religion und Bildungsarbeit im allgemeinen und auch spezifisch säkularen Verständnis reflektieren die Aufsätze von Henning Schluss und Bernhard Dressler. Mit den Herausforderungen kirchlicher Bildungsorte beschäftigen sich Judith Könemann und Thomas Schlag. Bernd Schröder weitet den Blick und fragt grundsätzlich, wie viel und welche theologische Bildung die Öffentlichkeit braucht.

Am Ende des Bandes fassen die beiden Herausgebenden zusammen, was aus Sicht der Beiträge die Perspektive der Theologizität erschließt: So markieren sie das Differenzierungs- und Eröffnungspotential des Begriffes; seine inhärente Verpflichtung zur steten Begründung religionspädagogischer Arbeit, die weit über die Artikulation von Wahrheitspropositionen hinausgeht; die Notwendigkeit disziplinären und interdisziplinären Diskurses wie des Einbezugs der Lernenden als konstitutiv für die theologisch bestimmte religionspädagogische Arbeit. Es lohnt auch mit der gemeindepädagogisch fokussierten Brille ein intensiver Blick in dieses Buch, um die eigene Position in der Frage nach der Bedeutung und Funktion der Theologie in der Pädagogik zu finden und zu begründen.

Christian Grethlein: **Christsein als Lebensform.** Eine Studie zur Grundlegung der Praktischen Theologie, ThLZ.F 35, Leipzig: EVA 2018, 254 S., paperback, ISBN: 978-3-374-05706-1, EUR 28,00

Die Anleitung und Begleitung zur Gestaltung christlichen Lebens stand immer schon im Zentrum kirchlichen Arbeitens. Christian Grethlein definiert in diesem Buch, wie heutzutage Christsein als Lebensform attraktiv sein kann und warum die Reflexion dessen grundlegende Aufgabe der Praktischen Theologie ist. Nach einer Einführung entfaltet Grethlein seinen Ansatz in vier Hauptkapiteln und einem Ausblick, der auf die Folgen des Dargestellten mit Blick auf neue Anforderungen an die Theologie und ihr Studium fokussiert.

Grethlein nimmt die Impulse für das Christsein aus dem „Wirken, Auftreten und Geschick Jesu". Darin identifiziert er drei Ausdrucksformen menschlichen Lebens für die Kommunikation des Evangeliums: Lehren und Lernen, gemeinsame Mahlzeiten sowie die Hilfe zum Leben. In der Mimesis Jesu in Taufe und Mahlfeier sieht er diese in ihrem Kern verwirklicht. Das zweite Kapitel schaut auf die kontextuellen Bestimmungen dieser Grundimpulse, die sich durch die Geschichte des Christentums in pluraler Vielfalt identifizieren und in ihren jeweiligen Schwerpunktdimensionen verstehen und neu nach der angemessenen christlichen Lebensform fragen lassen. Im dritten Kapitel beschreibt Grethlein die heutigen Herausforderungen, auf die hin die christliche Lebensform ihre kontextuelle Gestalt finden muss. Dazu zählen für ihn die Digitalisierung, Globalisierung und insbesondere die räumlichen Veränderungen, Beschleunigung, die ökologische Krise, der demografische Wandel sowie der Bedeutungsverlust von Kirche als Institution. Am Ende identifiziert der Autor drei Trends, die neue Aufmerksamkeit in Theologie und Kirche brauchen, um die Attraktivität christlicher Lebensformen zu zeigen: der Glaube an die Schöpfung, die ökumenische Dimension von Kirche sowie das Priestertum aller Getauften. Wenn man das liest, erschließt sich der Zusammenhang vermutlich nicht gleich, in der ausführlichen Begründung allerdings auch nicht zwingend. Zumal diese drei Dimensionen sich doch weniger aus dem Wirken Jesu direkt als vielmehr aus bereits alttestamentlichen und theologisch-historischen Entwicklungen ableiten lassen. Hier wäre m.E. deutlich mehr Potential für theologisch-hermeneutische Analysen gewesen.

Das vierte und umfangreichste Kapitel fragt dann nach dem „Christsein als Lebensform für heutige Menschen". Segnen, Beten und Erzählen werden als basale Kommunikationsformen des Christseins beschrieben, Taufe, Mahl und Predigt als Kommunikationsformen in der Mimesis Jesu. In, mit und unter all diesen erweist sich für Grethlein die Attraktivität christlicher Lebensform auch heute. Dass diese Kernvollzüge am Ende als wirkmächtigste dargestellt werden, mutet dann doch deduktiver an, als der Aufbau des Buches es nahe- ➜

Vorschau 2/2019

• Sinnvoll digital vernetzen

• Twalm – Psalmen getwittert

• Datenschutz – Was darf ich veröffentlichen?

legt. Wie attraktiv diese wirklich für Menschen außerhalb der Kirche sein mögen, bleibt durchaus fraglich. Es bedarf zumindest eines hohen Aufwandes des Eingewöhnens und Einlebens. Genau damit gibt das Buch Aufgabe und Anregung an die Gemeindepädagogik!

Ingolf U. Dalferth: **God first**. Die reformatorische Revolution der christlichen Denkungsart, Leipzig: EVA 2018, 298 S., paperback, ISBN: 978-3-374-05652-1, EUR 28,00

Wer einen Buchtitel mit Zitatanklängen an Kant und Trump in einem Atemzug veröffentlicht, ist mindestens mutig – auch und gerade in der Theologie. Nun darf Ingolf U. Dalferth als einer der renommiertesten Systematischen Theologen und Religionsphilosophen unserer Zeit das auch gern sein. Entsprechend groß ist sein Anspruch, wenn er die Reformation zuerst und wesentlich und damit aus seiner Sicht  anders als die meisten als spirituelle Revolution rekonstruiert, Gott allein vom Kreuz her versteht und den christlichen Monotheismus beschreibt als „Lebensform radikaler Freiheit und Liebe, die sich als Resonanz der Gnade versteht". (Diese Definition wird in Gegensatz gebracht zum Verständnis des Christentums als „System der Vergewaltigung Andersdenkender" – schade, dass solch verharmlosenden Übertragungen von Begriffen sexueller Straftaten einem solchen Sprachkünstler an so herausgehobener Stelle unterlaufen.) Gegen alle Deutungsversuche Gottes als des sich seiner Kontexte bewussten und in seinen Absichten verständlichen Menschen denkt Dalferth den Blick vom Gegenstand selbst her, von Gott her. Was im Gedenkjahr des 50. Todestages von Karl Barth für die einen so erfrischend wirken mag, wirkt im Gedenkjahr des 250. Geburtstages Friedrich Schleiermachers für die anderen mindestens hinterfragbar. Wie es sein kann, auf solche Weise von Gott her zu denken, ohne der Kontextverhaftetheit der Entstehung dieser Denkfiguren einen Bedingungszusammenhang zu attestieren, mutet immer wieder seltsam an – es sei denn, man teilt eben diese am Ende offenbarungstheologische Setzung, und das tun zwar nicht unbedingt alle, aber doch viele. Und wenn man das tut, wird einem dieser Band eindrucksvoll und überzeugend Zeugnis geben, dass und warum die Formel „God first" die „christliche Denkungsart" pointiert zusammenfasst und hierin der einer wirklichen Feier adäquate Anlass der Reformation liegt: Weil sie radikal die Zuwendung zum gegenwärtigen und wirksamen Gott verlange, die auch für die Menschen heute vernünftig und lebensdienlich sei.

Nach einer knappen Einleitung entwickelt er seine Gedanken in folgenden Schritten: Zuerst definiert er die „Reformation als Revolution des Glaubens", weil sie ein Leben zu leben verlangt etsi deus daretur. Diese These expliziert und differenziert Dalferth in Kapiteln über die Vernunft, die Freiheit wie die Vielfalt und Verschiedenheit des Glaubens. Die wesentliche Unterscheidung ist die der Differenz von Schöpfer und Geschöpf, die Voraussetzung ist für die rechte Erkenntnis Gottes in seiner vernünftigen wie lebensorientierenden Dimension.

Drei weitere Kapitel widmen sich den Folgen dieser Grundeinsichten und der allein von Gott her definierten Denkrich-

tung für das Verständnis evangelischer Theologie und ihren Gegenstand: Gott und das Unbedingte. Ein zehntes Kapitel schließt das Buch ab und fasst zugleich das Wesentliche in lebensorientierender Weise unter der Überschrift „Radikaler Monotheismus als Lebensform der Freiheit" zusammen.

Ulrike Bittner: **„Und wenn sich die Lebenssituation ändert, ist das o.k."** Eine Untersuchung der evangelischen Kirche als Gemeinschaft unter den Bedingungen postmoderner Mobilität, APLH 88, Göttingen: Vandenhoeck&Ruprecht 2016, 312 S., paperback, ISBN: 978-3-525-62438-8, EUR

Ein Grundcharakteristikum des Christentums ist die Betonung der Gemeinschaft, der koinonia. Wie aber lässt sich dieser Anspruch leben in einer Zeit, die von Individualisierung und Mobilität gekennzeichnet ist? In ihrer 2015 als Dissertation angenommenen Studie widmet sich Ulrike Bittner diesen Fragen und verbindet Diskursräume der Gemeinschaftsforschung, der Mobilitätsforschung und der Praktischen  Theologie. Ziel ist es, Gemeinden als „Weggemeinschaften der Hoffnung" Möglichkeiten aufzuzeigen, mobilen Menschen Zugehörigkeit und geistliche Gemeinschaft zu ermöglichen (12–14).

Dieses Ziel verfolgt sie in zwei wesentlichen Teilen: In Teil A untersucht Bittner die „Gemeinschaftsgestalt der Kirche im Zeitalter der Mobilität". Ein erstes Kapitel widmet sich dem Zusammenhang von Mobilität, Postmoderne und dem Wesen von Gemeinschaft. Empirisch informiert werden die Bedingungen erörtert, unter denen Gemeinschaftshandeln zu gestalten ist, und es wird aufgezeigt, dass auch heute Kirchen diese gesellschaftliche Praxis bedienen und pflegen können und sollten, indem sie als Erinnerungsgemeinschaften ihre kritisch-transformative Funktion beibehalten. Ein zweites Kapitel betrachtet die Sozialität der Kirche aus theologischer Perspektive. Ausgehend vom Wort Gottes als theologische Wurzel aller, insbesondere kirchlicher Sozialität, werden Strukturen der innerkirchlichen Kommunikation ebenso nachgezeichnet wie systematisch-ekklesiologische Klärungen herbeigeführt, um schließlich zu beschreiben, dass und wie sich auch Gemeinde als Lebenswelt unter den heutigen Bedingungen verändert.

Teil B widmet sich der Praxis lebensweltlicher Kommunikation. Ein viertes Kapitel beschreibt dazu eine erfolgreiche Form solcher Praxis, das Berlinprojekt. In seinem Zentrum steht der Gottesdienst, und auf diesen fokussiert das fünfte Kapitel in dann doch recht traditioneller Weise mit der Predigt, dem Abendmahl und der Ermöglichung von Beteiligung. Ein sechstes Kapitel schließlich beleuchtet die Begegnung im Gespräch, als medial vermittelte Kommunikation, als Kleingruppenkommunikation oder in Event-Gemeinschaften. Am Ende steht die Einsicht, dass es zur Verwirklichung des christlichen Anspruchs der koinonia mehr braucht als die unverbindliche Form und die nicht-personale Begegnung, sondern dass die kritisch-transformative Spitze des Christentums nach einer gemeinschaftlichen Kommunikationspraxis verlangt, die dies auch selbst zum Ausdruck zu bringen vermag.